U0462605

布市里社区志

靖江市靖城街道布市里社区 编

苏州新闻出版集团
古吴轩出版社

图书在版编目（ＣＩＰ）数据

布市里社区志 / 靖江市靖城街道布市里社区编. --
苏州 : 古吴轩出版社，2023.10
ISBN 978-7-5546-2222-3

Ⅰ．①布… Ⅱ．①靖… Ⅲ．①社区－地方志－靖江
Ⅳ．①K295.35

中国国家版本馆CIP数据核字(2023)第202316号

责任编辑：俞　都
见习编辑：万海娟
装帧设计：江苏光明印刷有限公司
责任校对：胡敏韬
责任照排：江苏光明印刷有限公司

书　　名：布市里社区志
编　　者：靖江市靖城街道布市里社区
出版发行：苏州新闻出版集团
　　　　　古吴轩出版社
地址:苏州市八达街 118 号苏州新闻大厦 30F
电话:0512-65233679　　　　邮编:215123
出 版 人：王乐飞
印　　刷：江苏光明印刷有限公司
开　　本：787mm×1092mm　1/16
印　　张：9.75
字　　数：164 千字
版　　次：2023 年 10 月第 1 版
印　　次：2023 年 10 月第 1 次印刷
书　　号：ISBN978-7-5546-2222-3
定　　价：158.00 元

如有印装质量问题,请与印刷厂联系。0523-84650012

泰州名镇(街道)名村(社区)志编纂委员会

主　　任　张士林
副 主 任　申万霞　吉　森
成　　员　徐常青　殷　建　冯鸿灿　刘社林　邵釜明
　　　　　钱厚亮　徐　强　顾　伟　王雨丹

靖江市靖城街道《布市里社区志》编纂委员会

第 一 届
主　　任　纪　媛
副 主 任　卢国锋
委　　员　包和琴　孙　雯　陆　晓　鞠　栋

第 二 届
主　　任　卢国锋
副 主 任　孙　雯
委　　员　陈　磊　包和琴　陆　晓　鞠　栋

靖江市靖城街道《布市里社区志》编辑人员

主　　编　　高　峰
副 主 编　　杨文革
撰　　稿　　高　峰　　杨文革
摄　　影　　朱　其　　杨文革
编　　务　　刘文剑　　马正先　　江建平

终 审 单 位　　靖江市党史方志办公室
终 审 人 员　　申万霞　　徐　强　　崔益稳

验 收 单 位　　泰州市党史方志办公室
验 收 人 员　　申万霞　　徐　强　　耿　维
　　　　　　　　叶旭和　　顾鑫昱
批准出版单位　　中共靖江市靖城街道工作委员会
　　　　　　　　靖 江 市 靖 城 街 道 办 事 处

总　序

　　泰州因海而生，大江大海激荡交汇，渐次成陆。泰州也因海而兴，唐时"两淮盐税，泰州居半""海陵红粟，仓储之积靡穷"。肥沃的土地、丰饶的物产吸引着历朝历代南迁或北渡的移民在此落地生根，吴楚之韵与江淮之风氤氲交融，涵养成雄秀并蓄的胸襟和气度。千百年袅袅炊烟，耕读传家，生生不息。

　　尚文重教的泰州，古往今来阡陌街巷"弦诵相闻，蔚然有文雅之风"。南腔北调的泰州，下辖里下河地区、高沙土地区和沿江地区，农事劳作、衣食住行、人生礼仪、岁时节庆有着些许差异，一方水土一方风情。风起云涌的泰州，民主革命前赴后继，建设发展筚路蓝缕，改革开放一路高歌。历史长河奔流不息，无数变迁里的因缘际会、绝续兴替，凝练起厚重的岁月积淀和深远的人文情怀。

　　历史的车轮走到今天，我们正经历着史上规模最大、速度最快的城镇化进程，沉稳矜持的乡村驶入发展快车道，安土重迁的农民走南闯北逐梦他乡，乡镇在合并，村落在减少，人口在迁徙，社会在重构，聒碎乡心梦不成，归来何处是故乡？超速发展的信息化带来便利，也带来挑战，那些令人感到无比温馨、饱含尊崇敬畏、具有不同特点的传统习俗日趋式微，多元的现代文明、价值观念不断翻新。一些曾经被人们津津乐道、引以为豪的历史记忆似乎正在淡出视线，逐渐成为模糊的背影。

　　振兴乡村，文化为魂。盛世修志，志以问道。志书是中华民族记录历史、传承文明的独特载体。镇村志全面、系统、真实地反映乡村传统与变迁，在服务科学决策、完善社会治理、激发爱乡情怀、养成健康风尚等方面有着独到的作用。在市及市区第二轮志书编纂工作全面完成之际，我们适时启动镇村志和街道社区志的编修，选择部分具有一定特色的镇（街道）、村（社区），其中有的以历史文化见长，有的以生态环境闻名，有的以经济发展见著，对行将湮灭的自然风貌、历史遗存、经济业态、民俗风情、传统精神等进行抢救性征集整理，对自强不息、逐梦前行、砥砺奋斗的事迹进行客观记述。

一镇一风格，一村一风情，一志一特色。泰州市名镇名村志不但记录乡村巨变，展示乡风民俗，系住乡音乡愁，还在着力彰显地方特色上下功夫。各部志书针对镇情村情订纲立目、征集史料、访寻掌故，力求文约事丰、图文并茂，让读者用不长的时间了解到主要的内容，获得较大的信息量。

他乡纵有当头月，不如故乡一盏灯。镇村志犹如一盏盏明灯，光芒虽不十分耀眼，但散发出淡淡田园诗意和故土温情，能够为游子照亮故乡小桥流水、街头巷尾、田塍篱角的万种风情，为后辈指引缅怀先贤、传承乡愁、寻根问祖的清晰路径。镇村志也是一扇对外展示的窗口，让更多的人从文字中品味泰州文化底蕴，触摸泰州精神气质，感受泰州乡村魅力。

有组织地编纂镇村志，在泰州历史上还是第一次。我们期待有更多的有识之士关注、支持镇村志事业，一起把这一厚植文化根脉、垒筑精神家园、服务乡村振兴的文章做好。

序

遵嘱为《布市里社区志》作序。捧读书稿,满纸沧桑。

靖江的古地名俯拾皆是,但很少像"布市里"那样地位独特,底蕴深厚。

明成化八年(1472),也就是靖江建县的第二年,当首任知县张汝华为修建县衙大堂奠基的那一刻,便确立了布市里在靖江历史上的特殊地位。尽管正式确立地名是其后好多年的事儿,但那只是孕育的过程而已。

清光绪五年(1879)《靖江县志》载:"布市,旧占学前,嗣奉院道,驱逐在县学西街,今西、北二门外。"如今,大概只有上了年纪的城里人才能读懂并准确翻译这段简洁的文字:"旧时,县衙的西侧建有学宫(孔庙),乡民聚集在庙前广场兜售棉布,是为布市。因市声喧嚣,扰乱学子,迁至学宫西面的学西街经营,日久成名,相沿成袭。"今布市里社区由此得名。

直至2004年5月,靖城09号地块拆迁工程启动,在长达532年的时间里,布市里社区一直是靖江行政中心所在地,且不论县大堂、县丞署、主簿署、典史署、医学廨、阴阳廨、学宫及布市等古之机构、学宫、市场,单就由此衍生嬗变的县(市)政府大院、实验小学、电影院、百年老店新泰丰以及由众多手工作坊发展起来的轻工企业及其管理机构轻工公司,便足以显示布市里社区久远的历史及其背后的繁华和辉煌。

500多年间,布市里社区恰似一颗硕大无比的心脏,每一次律动都与数十万马洲(靖江古称)儿女休戚相关。或许,这便是值得今人和后人为之骄傲的缘由。

人是社区的主体和命运的主宰。明清年间，布市里的真正主人不是一任接一任的官吏，而是草民百姓、世家大族。书带草堂郑氏、资善堂朱氏、灵遗堂朱氏、孝贻堂朱氏、务滋堂盛氏、宝伦堂瞿氏，这些或迁徙自江南江北的名门之后，或发达自本土的布衣弟子，他们在秉承中华民族文化传统的同时，培育出各具特色的家族文化，并由此凝聚为地域文化。数百年间，布市里仿佛人才摇篮似的，为国家民族培养、输送了许多贤臣名吏、专家学者。此乃布市里扬名邑内的荣光。

一定地域一定族群的文化传统，犹如水量丰沛的江河，源远流长，奔腾不息。尽管随着城市南移，一些机关、学校、企业相继迁移，布市里也相对地由城市中心演变为副中心。尽管聚族而居的习俗日见淡化，许多世家子弟走出祖宅，四海为家。但文脉绵绵，传统因袭，在新的历史时期，布市里以崭新的风貌展现在世人的面前。传统与现代交相辉映，时尚而亮丽的步行街以其绰约风姿承前启后，继往开来。新一代布市里人所秉承的创新、拼搏的精神，蕴藉的正是世代相袭的布市里文化之魂。

披着岁月的尘烟，布市里从历史的深处走来，走过明清，走进现代，正以昂扬奋发的风采走向未来。再过50年、100年，甚至500年，当后世子孙自豪地眺望来路，续修《布市里社区志》，定然会像我们一样，怀着感恩之心，饱蘸激情，书写沧桑。是为序。

黄　靖

2021年12月1日

（作者为靖江市委宣传部原副部长、靖江市文联原主席，现为靖江市民间文艺家协会主席）

凡 例

一、以马克思列宁主义、毛泽东思想、邓小平理论、"三个代表"重要思想、科学发展观、习近平新时代中国特色社会主义思想为指导,坚持辩证唯物主义和历史唯物主义,存真求实,客观记述布市里社区发展的历史与现状,发挥记录历史、传承文化、激发爱国爱乡情怀的作用。

二、本志采用纲目体,设类目、分目、条目 3 个层次;运用述、记、志、传、图(照)、表、录等体裁,以志为主;统一采用现代汉语、第三人称记述。

三、本志记述的上限溯及事物发端,下限截至 2017 年,大事记截至 2021 年。

四、本志记述范围以今布市里社区行政辖区为主,对其历史变化以及超越今辖区的亦作必要的记述。

五、本志中的历史地名、机构名称及计量单位均按当时称谓。

六、本志所记述情况及统计数据,因境域区划有过多次变更,故以当时的区域范围为准,如实记载。

七、本志的纪年方法:新中国成立前,用朝代年号或民国纪年,其后括号内注明公元年份;新中国成立后,用公元纪年。

八、本志所记人物以"生不立传"为原则,酌情收录布市里籍及在布市里有过较长活动时间的客籍人物。古代人物均采自旧志《乡贤录》,近现代人物则选择社会影响与贡献显著者,排列以生年为序。

九、本志对于频繁使用的名称,首次用全称,其后用简称,如"中华民国"简称"民国";中国共产党简称"中共";"新中国成立后",特指"中华人民共和国成立后"。

十、本志中的数字,除序数、叙述性数字、习用语数字和农历、清代以前历史纪年用汉字表示外,其余一律用阿拉伯数字表示。

十一、本志引用资料,录自文献、档案和有关书籍,文中不一一注明出处。

布市里社区地图

新

北 城 河

解 放 北 路

季市美食
(精亚店)

怡馨苑

睦邻点

建

解

新

胜

布

防疫站宿舍

精亚新天地

南

解放南路21弄

米兰时尚公寓

财政局宿舍

图书馆楼

路

西

机关宿舍

人民公园

丰华苑

利

市

府后弄

布市里社区

骥

停车场

里

光明小区

永澄电影院

江

民

西 城 河

新华书店

街

团

路

南

结

德诚广场

迎

苏宁易购

街

宾

团结公寓

路

天一太平洋广场

城

西

路

路

城中农贸
市场

路

宏图大酒店

河

图　例

社区驻地	
○	地　名
	道　路
	水　系
	施工工地

审图号: 苏M(2023)第016号

编 制 公 司: 靖江市测绘勘察院有限公司　　　　编 制 时 间: 2023 年 11 月

马桥镇

进步村

城西大道

龙王村

陆家港庙港

西郊村

友仁村

西郊公园

渔

新建北路社区

实验学校

第一实验幼儿园

玉带社区

渔婆社区

城西社区

新西社区

城北小学

公园弄社区

靖西村
（靖西社区）

第二人民医院

第三中学

北大街社区

靖江市中医院

江山路社区

骥江西路

婆

方家场社区

佳佳幼儿园

东兴街社区

布市里社区

人民公园

江华街社区

三宇环

港路

前进社区

江

小关庙社区

中骥江东路

城中小学

实验学校
天水分校

正南村

靖城街道办

团结社区

城西派出所

城南小学

双江路社区

羊巷社区

玉皇殿社区

工人文化宫

吉的

天水公园

正西村

天妃广场

老年福利中心

虹兴社区

城南办事处

南环路

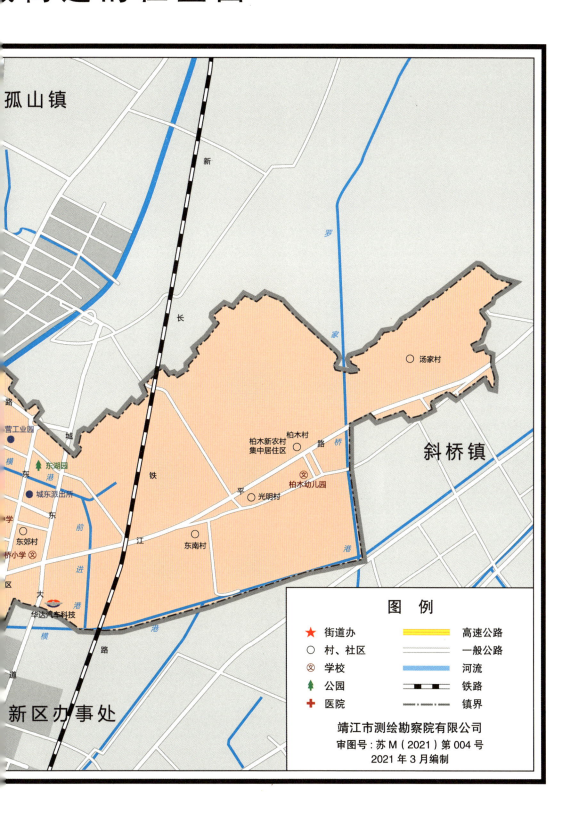

孤山镇

汤家村

斜桥镇

营工业园

城

东湖园

东港

城东派出所

东

铁

路

前

桥小学

东郊村

进

江

东南村

港

柏木新农村
集中居住区

柏木村

路

桥

平

柏木幼儿园

光明村

大

港

华达汽车科技

横

路

道

新区办事处

图　例

★ 街道办　　　　　　　高速公路
○ 村、社区　　　　　　一般公路
◎ 学校　　　　　　　　河流
🌲 公园　　　　　　　　铁路
✚ 医院　　　　　　　　镇界

靖江市测绘勘察院有限公司
审图号：苏M（2021）第004号
2021年3月编制

荣 誉 榜

全国妇女健身示范点

全国敬老模范社区

全国学习型家庭创建示范社区

江苏省巾帼文明岗

江苏省级创业型社区

江苏省社区教育示范社区

江苏省社区建设示范社区居委会

江苏省创建文明社区工作先进社区

泰州星级社区

泰州市"巾帼示范岗"

泰州市科普文明社区

泰州市文明社区标兵

泰州市十佳社区服务品牌

泰州市创建文明社区工作先进社区

布市里鸟瞰图

靖江市历史文化地名——布市里

目 录

概　述

　　布市里社区位于靖江老城区西北部，是老城区的中心地带，东至人民北路，南至骥江路，西至新建街，北至北城河，面积约0.16平方千米，至2017年底，社区有居民小组16个、居民1119户，常住人口2988人，流动人口1200人。

　　明成化七年（1471），靖江建县。明成化八年（1472），首任知县张汝华将靖江县官署建于今布市里社区域内，即今天德诚·城市广场地块（09号地块）。直至2004年市政府大院东迁的500多年间，这里一直是靖江的行政中心所在地。

　　布市里社区曾是靖江的文化教育中心。靖江建县后，便在县大堂的西侧营建学宫（孔庙），数以万计的学子在这里接受儒家文化的熏陶，共22名进士和137名举人以及若干贡生、秀才在这方沃土上脱颖而出。民国以降，新学兴起，在旧学宫的基础上兴办新式学堂，这里是靖江实验小学所在地，培养了一批又一批国家的栋梁之材。

　　布市里社区也是靖江的商业中心。靖江老城原有4座城门，有2座位于布市里社区，即西城门与北城门，1946年新增新北门，也称立青门。城墙与城门拆除后，城区向外扩展。布市里社区的西部即是原来护城河向西部分，自建县后就逐渐形成集市，民国以后形成了胜利街，这里商铺林立，有许多知名的老字号，如"新泰丰""满江红"等。此外，原来学宫西侧为学西街，后来布市迁移至此，形成著名的布市里商业街。中华人民共和国成立后，布市里社区又汇聚轻工、五金等工商业，从原县政府到新建街以及骥江西路与布市里、胜利街交界处附近，在20世纪七八十年代曾是靖江最繁华的商业地段，客流似云，人流如织。

因得天独厚的区位优势，布市里社区还是靖江旧时士绅的聚居地。如书带草堂郑氏、灵遗堂朱氏、资善堂朱氏、孝怡堂朱氏、敦睦堂盛氏、宝伦堂瞿氏等。这些家族大都从其他地方迁居而来，在此构屋建园，经商读书，繁衍生息，形成各具特色的家族文化。这些家族崇文重教，人才济济，走出许多达官显贵、文人巨贾。他们还曾建有私家花园，如日涉园、乐志园，吸引许多文人骚客在此流连歌咏，成为文坛佳话。今天这些园林虽已不存，但遗风流韵，依然浸润着这片土地。

自民国起，靖城城区即设有街道委员会管理社区事务。新中国成立后，城内分为靖东、靖西、靖南、靖北、靖中五镇，布市里属于靖中镇。1956年，撤区设镇，五镇合一，并取靖江城之原意而得名靖城镇。1962年，布市里居委会成立，为靖城镇的下辖居委会。最早称为城中居委会，"文化大革命"期间改为靖中居委会。1983年由靖中居委分拆为布市里居委会和县前街居委会。此后在多次的行政区划调整中，布市里社区均得以保留，其所辖范围也基本固定。

由于城市重心南移，城市原本聚集于社区的政府机构、学校、工业企业逐步迁出，原有的地块被开发成德诚·城市广场、步行街，而历史悠久的老商业街布市里、胜利街也成为旧城改造的重点区域，原来低矮的清代、民国房屋纷纷被拆除，建起了新的高楼大厦，布市里社区的面貌日新月异。

近年来，布市里社区居委会加强社区管理与社区建设，建立一站式服务大厅，配齐综合服务窗口，集劳动保障工作站、青少年校外辅导站、居家养老服务站、残疾人康复室、民主议事室、文体活动室、民防宣教室、书画室、微型消防站于一体，优化社区服务环境，充实和完善硬件设施和文化服务领域，社区服务功能得到大幅度提升，成为管理更加有序、环境更加优美、治安更加良好的和谐新社区。

布市里社区曾获得泰州市先进基层党组织、泰州星级社区、江苏省绿色社区、江苏省和谐社区、江苏省文明社区以及全国学习型家庭创建示范社区、全国敬老模范社区、全国综合减灾示范社区、全国妇女健身示范点等荣誉称号。

作为靖江历史最悠久的历史街区之一,随着社会的发展与时代的变迁,布市里社区面貌发生了翻天覆地的变化,社区的定位也已悄然改变,已经从靖江的人文中心转变为老城的商业中心。500多年来在这片古老的土地上形成的历史文脉永载史册,成为靖江文化不可或缺的重要组成部分。

大　事　记

成化八年（1472）

靖江首任知县张汝华在东沙土城营建公署、大堂、学宫（均位于今布市里社区域内）。

顺治四年（1647）

朱凤台（布市里人）高中进士，列三甲第九十一名，授阜平知县，后转任浙江开化知县，官至兵部车驾司主事。

康熙四年（1665）

3月，著名文学家尤侗受靖江知县郑重之邀游览靖江，客居朱凤台家，饮酒观剧，月余乃去。

乾隆十三年（1748）

4月，郑恸参加会试，中会元，为靖江科举史上最好成绩。

中华民国十二年（1923）

女子蚕桑学校在布市里创办，后迁至靖城北门外斗元宫（今城北小学）。

中华民国二十一年（1932）

靖江二等邮局设在布市里。次年，增办电报汇票业务。

1949 年

12 月,在胜利街设立邮政代办所。

1953 年

秋,湖南省常德市油米加工厂老板陈宗熙,从常德运来日制宝林达 80 匹马力柴油机和 40 千瓦发电机 1 台(套),在布市里与县政府合办公私合营靖江电厂,日发电量 360 千瓦时,装灯 1600 盏,并为 2 座小型电灌站供电,至 1957 年停办。

1955 年

4 月,在胜利街 129 号设立西门邮电亭,开办邮电业务。

1956 年

8 月,境内为靖城镇靖中居委会辖地。

1971 年

10 月,靖江县卫生防疫站迁至人民北路 59 号。

1977 年

拓宽修建解放南路和解放北路,将原来的煤渣路改建为砂石路。

1980 年

县图书馆由人民公园内迁至解放南路第二招待所东侧。

1983 年

4 月,靖中居委会拆分为县前街与布市里 2 个居委会。

1993 年

靖江市卫生防疫站迁至人民中路 161 号。

1994 年

4 月,靖江市财政局由布市里迁至骥江东路 180 号。

2000 年

7 月,人民路拓宽改造工程开工,2001 年 9 月竣工。

2002 年

市政府开始对布市里社区进行大规模旧城改造。

是年,靖江市图书馆由解放南路迁至人民南路原江苏广播电视大学靖江分校。

2003 年

布市里社区居委会被江苏省民政厅评为社区建设先进单位。

2004 年

靖江市实验小学南迁至中洲路,更名为靖江外国语学校。

5 月,09 号地块拆迁启动。

8 月,靖江市第三人民医院并入靖江市人民医院。

10 月 8 日,靖江市委、市政府由骥江中路 248 号迁至骥江东路 26 号。

2006 年

6 月,布市里社区被全国妇联、民政部、文化部、国家环保总局、国家广电总局联合授予全国学习型家庭创建示范社区称号。

10 月,布市里社区被全国老龄工作委员会办公室评为全国敬老模范社区。

2007 年

9 月 18 日,布市里社区居家养老服务站挂牌,这是靖江首家社区居家养老服务站。

是年,社区成立"小红帽"义工服务队。

2009 年

德诚·城市广场及步行街建成,肯德基、银泰百货、必胜客、文峰大世界等商家入驻。

2010 年

1 月 10 日,骥江路步行街举行开街仪式。

9 月 8 日,布市里社区创建省居家养老服务示范点。

2012 年

5 月,"小红帽"义工服务队被评为江苏省十佳巾帼志愿服务队。

6 月,中央电视台在布市里社区采访党员义工活动,7 月 9 日,在中央电视台《新闻联播》节目中播出。

2013 年

10 月 17 日,布市里社区党总支书记周小芬入围省百名优秀女村官候选人。

2017 年

12 月,布市里社区被江苏省人力资源和社会保障厅评为省级创业型社区。

2018 年

11 月,布市里社区党委书记纪媛入选泰州市十佳社区工作者,为靖江市唯一入选者。

2020 年

9 月,布市里社区举行"公益三好学生表彰暨弘扬志愿精神,创文明城市"公益活动,给积极参加社区活动的 22 名同学颁发"公益三好学生"荣誉证书及奖品。

2021 年

5 月,布市里社区组织党员及志愿者开展了"爱护长江生态环境 倡行绿色简约生活"世界地球日志愿徒步行活动。

第一篇　社区概览

　　布市里社区因布市里街而得名，自明成化七年（1471）靖江建县以来，这里一直是靖江的行政中心，也是商业最繁荣、文化最活跃的街区。20世纪70年代，布市里曾是靖江最繁华的商业地段。改革开放后，社区居民锐意进取、改革创新，布市里成为名副其实的商贸重地。进入21世纪后，随着精亚新天地、德诚·城市广场、步行街先后开街，文峰大世界、利群时代等商家相继入驻，沿袭百年商业传统的靖江商业核心圈重新焕发出勃勃生机。

历史沿革

名称由来

明成化七年（1471），靖江单独置县，隶常州府。首任知县张汝华择东沙土城，垒土为垣，县城周围约 3 里，四面环以壕沟，计占地 510 亩。为靖江城的雏形。

布市里社区位于靖江城西北部，为张汝华营建县治的重心，建有县大堂、县丞署、主簿署、典史署、医学廨、阴阳廨、学宫等主要政府机构。根据当时城池周边地势与风貌，张汝华将北城门建在偏西北方向。

学宫（俗称孔庙）前建有宽阔的广场，叫学场，为旧时靖城附近最主要的棉布市场，俗称布市。后为不影响学宫士子读书，布市迁至学宫西面的学西街。久而久之，百姓将学西街称为布市里。虽然布市后来搬到西、北二门外，但布市里的名称却被一直沿用至今。

清光绪五年（1879）《靖江县志》载："布市，旧占学前，嗣奉院道，驱逐在县学西街，今在西、北二门外。"布市里社区，即因布市里街而得名。此地毗邻西门与县衙，商业繁华，向来是靖城的达官士绅聚居之地。布市里在"文化大革命"初期，更名为四新弄，1981 年恢复原名。

区位面积

自建县始，布市里一直是靖江的行政中心所在地。明、清年间的靖江县公廨，民国以后的靖江县（市）委、县（市）政府、县实验小学等都常驻于此。

布市里东至人民北路，南至骥江路，西至新建街，北至北城河，总面积 0.16 平方千米。

人民路长期以来是靖城最重要的南北通道。南北走向的胜利街、布市里街与东西走向的骥江路形成两个交叉的十字路口，是靖城地区最繁华的商业地段。

2004 年，靖江旧城改造，09 号地块拆迁，靖江市委、市政府、实验小学相继迁出。这里建起精亚新天地、骥江路步

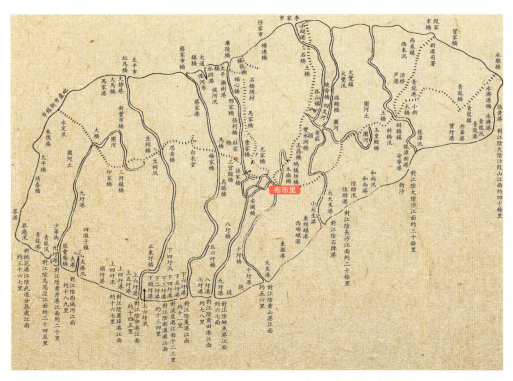

布市里社区在《清代靖江县域图》的位置

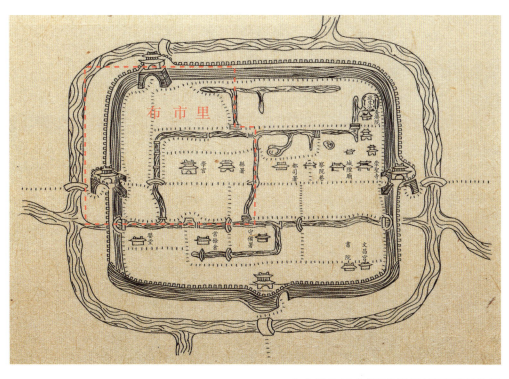

布市里社区在《清代靖江城区图》的位置

行街等商业圈,肯德基、文峰大世界、中国黄金等许多商家入驻,布市里依然保持着老城区主要商业中心地位。

行政区划

民国十九年(1930),靖江实行区乡制,靖城被编为第一区,简称城区。下设5镇,即靖东镇、靖西镇、靖南镇、靖北镇、靖中镇,布市里属靖中镇。1956年8月撤区建镇,城区五镇合一,原先的靖中镇撤销,改设靖中居委会,布市里为靖中居委会辖地。

1983年4月,靖中居委会分拆为县前街与布市里2个居委会。此后布市里居委会一直延续至今。

境域变迁

布市里为老城区核心部位。民国以来,为了便利交通,老城墙逐渐被拆除,城区面积不断扩大,城区与城郊的部分河流被填塞。原西门护城河外的土路演变成如今的胜利街,这是继布市里街之后社区又一条重要的南北商业街,而西门的羊市河,则填塞成现在的新建街,也是今天布市里的西址。靖江城北的护城河就是现在的支河沿,是布市里的北址。南址骥江路,曾经是大通街,是当年靖江城唯一的东西通道。东址是人民北路,原来是市河,民国时筑路,名介寿路。

布市里域内还有东小桥、西小桥、山海镇、后铺等地名。东小桥又名龙骥桥,位于现在人民路、骥江路十字路口原河道上。西小桥下河道南接南市河,往西至西水关。水关外便是澜江码头,澜江通八圩港达长江。澜江码头往西通渔婆港、庙树港等。山海镇位于原布市里南北河道转弯处。山海镇镇石面南,嵌于房屋山墙内,有镇妖魔之意,今已不存。后铺分东后铺与西后铺。光绪五年(1879)《靖江县志》卷三记载:"东后铺桥,旌义坊前。"旌义坊,在县治后街,为明代光禄署正朱正约所立。"西后铺桥,跨县后市河。"后铺在原县政府后边,即现解放南路。

人口姓氏

人口总量

布市里是靖城街道的核心地区,人口稠密。2017年末,社区有16个居民小组,有常住人口1119户2988人。其中男性居民1401人,女性居民1587人,男女性别比例为100:113.2。户均人口2.67人。

人口结构

2017年,从年龄上分,0~17岁381人,18~34岁506人,35~59岁1365人,60岁以上726人,90岁以上老人10人。从民族上分,以汉族为主,有回族2人,满族1人。

居民晨练

主要姓氏

从姓氏上分，社区有姓氏 186 个，其中百人以上姓氏 11 个，百人以下姓氏 175 个。只有 1 人的姓氏 22 个。人口数量排前 10 位的姓氏分别是刘、陈、朱、王、张、徐、孙、李、吴、陆、黄（陆与黄并列第 10）。

姓氏来由

建县以来，布市里一直是靖江世家大族的聚居区。弹丸之地聚集了靖江诸多有名的家族，其中有书带草堂郑氏、资善堂朱氏、灵遗堂朱氏、孝贻堂朱氏、务滋堂盛氏、宝伦堂瞿氏等，其家庭文化各具特色。

2017 年布市里社区主要姓氏统计

表 1-1

序号	姓氏	人数	序号	姓氏	人数
1	刘	369	8	李	130
2	陈	294	9	吴	124
3	朱	287	10	陆	102
4	王	266	11	黄	102
5	张	253	12	周	84
6	徐	152	13	郑	56
7	孙	133	14	赵	37

书带草堂郑氏　明成化年间，浙江浦江郑义门郑旺一、郑旺二兄弟二人迁至靖江，居于孤山南麓郑家埭，以耕读传家。传至三世郑相，郑相生有三子，分别是维翰、维屏、维宁。维翰生有四子，分别是元鼎、元鼐、元鼒、元某（早夭）。元鼐于清朝初年迁居到常州武进的芙塘桥。维屏没有后代。维宁生有五子，分别是元升、元遏、元昂、元昱、元昌，维翰三子与维宁五子构成靖江郑氏八房。郑氏先后建有郑东祠（夏仕港西）和普渡庵（孤山西侧）2 处宗祠。

靖江郑氏以"书带草堂"为堂号。相传东汉末年大学者郑玄坐道论经，门下弟子取带草束书，故讲经堂名为带草堂，也叫书带草堂。

靖江郑氏家族家风良好，崇文重教，郑氏子弟或工诗文，或精书艺，或通堪舆（风水），也有擅医术者。靖江历史上有进士22名，其中郑氏家族有4名，分别是乾隆元年（1736）进士郑毓善（九世）、乾隆十三年（1748）进士郑忬（十世）、嘉庆六年（1801）进士郑锡琪（十一世）、嘉庆二十五年（1820）进士郑翌（十二世）。

清乾隆十三年（1748），郑氏迁靖第十世郑忬参加会试，高中会元，为靖江科举史上的最好成绩。郑氏奉旨在靖城府后弄建会元府、会元坊，以志家族荣耀。

资善堂朱氏 明初，朱安五由泰兴迁居靖江，繁衍生息，遂形成资善堂朱氏。

资善堂朱氏原居西沙，自明代后逐渐迁居靖江各地。有史可考的明成化三年（1467）首位举人朱绅，即出自资善堂朱氏。朱绅后来官至南昌府通判。明末，朱大桢曾任广东澄迈县主簿，他捐地建放生庵，即今市人民公园花池。清代，朱沐的后代子孙最为发达。其子朱懋德历官直隶完县、长垣、山东夏津、长清等地知县。所在多惠政，民有去思，事迹载入《清史列传》。朱懋德致仕回靖后，在布市里构乐志园作养老之所。朱懋德有三子，长子朱煦为绍兴知府，次子朱照为重庆同知，幼子朱勋为陕西巡抚，署理陕甘总督，为清代靖江人获得的最高官职。资善堂朱氏是靖江的名门望族。不独子弟成就斐然，其女性也颇有成就。清代女诗人朱均，字绮生，嫁给清代著名画家戴熙之子戴有恒为妻，著有《织蒲小草》，是靖江为数不多的古代女诗人。现代则有画家朱娟娟。

资善堂朱氏乐善好施，曾倡修水利，捐资修官堤。

灵遗堂朱氏 灵遗堂朱氏本姓王，原籍安徽祁门苦竹村，南宋时王六一迁居京口。传至第六十五世中王五离开京口，入赘常州朱氏，由此改为朱姓，生正一、正六二子。元末，正六从常州迁居靖江。

清初，朱应鼎迁居布市里。朱应鼎为人端重方严，行事高标，以塾师为业，培养诸多弟子。朱应鼎有3个儿子。三子朱凤台，字慎人，清顺治四年（1647）进士，后授河北阜平、浙江开化知县，迁兵部车驾司主事，人称朱驾部。朱凤台共生有十一子，因生齿日繁，于顺治十七年（1660）迁居如皋。第七子朱廷宁，字式屏，号惺园，康熙四十二年（1703）进士。父子皆进士，在靖江传为佳话。

孝贻堂朱氏 明成化年间，朱鸾（字南皋）由新安迁居江阴南门外花山下。鸾生钦，钦生四子，长子治、次子津、三子澄、四子洲。四子朱洲，字奉愚，由江阴迁居靖江儒学前。

孝贻堂朱氏宗祠建于东一图闻仁段一圩，坐落在西关外北段羊市里。由建造始至落成，凡阅四载，役工匠一千一百有奇，大厅五间，中供神龛。

孝贻堂朱氏主要人才：朱宏烈，字诚菴，清乾隆十六年（1751）恩贡，候选直隶州州判。朱学澜，字镜湖，号半帆，道光二十九年（1849）举人，五品衔拣选知县候选教谕。朱若采，字小湖，号蓝生，学澜长子，光绪十二年（1886）岁贡，任内阁中书，先后任扬州府学训导兼理教授，代理甘泉县学训导、海门厅学训导。清光绪年间，朱若采在布市里建造的日涉园，取陶渊明《归去来辞》中"园日涉以成趣"之意。朱膏培，乳名庆恒，字雨塘，朱若采之孙，后以朱立之名行世，是民国时期靖江著名书法家。

务滋堂盛氏 盛氏原为江南世族，居无锡。明初盛庸有三子，第三子名延三，盛延三传六代至盛组。盛组字仲美，号巽溪，迁居靖江。传至第四世有堂兄弟六人，即时英、时杰、时扬、时遇、时彦、时隽分为六房。明末，盛时扬在靖城东建造袭庆堂和萃融楼，后人称盛家大厅。清代嘉庆、道光年间，盛刚来和长子盛襄曾两度建造魁星阁。

清光绪二十年（1894），靖江盛氏修谱，包括麟振堂宗支、独立中桥支、独立东城河沿支、独立八圩支。

盛氏名人有盛度（1643—1710），清

康熙三十二年（1693）江南乡试解元，康熙三十九年（1700）进士，选翰林院庶吉士。盛棨东（1897—1969），曾任靖江县教育局局长，创办私立苏中临时中学。盛仁东（1911—2005），曾任国民党靖江县党部书记长，后投身革命，先后任苏北临时参政会秘书、苏中第三专员公署主任秘书。盛敔度（1889—1960），先后任靖江教育会会长、乡村师范学校校长、靖江市图书馆馆长。盛金章（1921—2008），1991年被评为中国科学院院士。

宝伦堂瞿氏 靖江瞿氏来自常熟。明万历年间，瞿介福至靖江行医，遂占籍靖江。瞿介福为人谨慎，不苟言笑。其时，邑中瘟疫大作，介福施药，所活甚众。瞿氏世代行医，医术闻名，其子瞿宗爵、瞿宗鼎，孙瞿德茂，曾孙瞿瑾、瞿琯、瞿琬、瞿炎都继承祖业，靖江著名文人萧松龄为其作传，曰："虞山一派，遥遥其未有艾也。"

明末清初，瞿介福之孙瞿德毅（1601—1646）素有节操，顺治二年（1645），清兵陷靖城时，与妻子自缢而亡。瞿德茂（1606—1686）孝名远播，受到县里、府里嘉奖。

清康熙之后，瞿氏逐渐从祖居地外迁，散居于靖城、东门、大觉、斜桥等地。清末，瞿鉴唐在城西创办春森杂货店。

瞿氏乐善好施。清代瞿哲、瞿恕、瞿煌都有善行，靖江知县马鹏飞、贾三礼

曾先后赠匾以表其门。瞿照（1737—1824）为乾隆四十六年（1781）进士，历任内阁中书、宗人府主事、刑部员外郎，乾隆六十年（1795）充任顺天乡试同考官。瞿灯（1741—1814），字燃青。受知县毕所密聘请，协纂《靖江县志》。

老屋枫叶

居民生活

居民收入

改革开放后,社区居民通过经商、办企业等各种途径增加收入,生活逐步富裕。1980 年,社区居民人均年工资收入598 元。1999 年,社区居民人均年收入5800 元。进入 21 世纪后,随着旧城改造大力推进,第三产业迅猛发展,市场持续繁荣,域内居民家庭除工资收入外,经营收入、兼职及其他收入不断增加,收入来源进一步多元化。2007 年,社区人均年收入1.70 万元,其中工资收入 8846.87 元,经营收入 2998.84 元。2017 年,布市里职工年平均收入 5.76 万元,可支配收入 4.1 万元。

时尚购物

2001 年—2017 年布市里居民收入一览表

表 1-2

时 间	职工人均年收入 （元）	居民人均年可支配收入 （元）
2001 年	6200	4878
2002 年	9850	7442
2003 年	10542	8329
2004 年	11430	8925
2005 年	14534	11620
2006 年	15096	12502
2007 年	17031	14050
2008 年	18600	17491
2009 年	22038	19525
2010 年	24241	23000
2011 年	26665	25556
2012 年	28665	27295
2013 年	37325	30388
2014 年	47917	33900
2015 年	50717	37700
2016 年	53760	37700
2017 年	57600	41000

居民支出

2017 年，居民生活消费支出 2.82 万元。食品烟酒支出 8312.4 元，占生活消费支出的 29.5%。网购和微商等新型购物方式的盛行，降低了衣着类的购置成本，居民人均衣着消费支出 1824.4 元。房地产业升温，加上建材类价格涨幅较大，拉动住房装潢支出较快增长，居民人均居住消费支出 6058.6 元。各类新型家电、个人生活用品、护理用品日益增多，居民家庭生活用品的选择由经济实用向品牌、智能、节能、环保方向发展，居民在生活用品及服务上的支出更为理性，居民人均生活用品及服务消费支出1301.6元。交通建设的日益完善和移动通信设备的普及，使居民出行越来越便利，交通通信支出也逐年提高，居民人均交通通信消费支出4639.5元。居民越来越重视教育的投入，旅游、健身、娱乐成为家庭业余生活的重要组成部分，教育文化娱乐支出增长较快，居民人均教育文化娱乐消费支出3311.8元。居民健康意识逐年提高，定期检查以及治病不如防病、攒钱不如攒健康的观念深入人心，保健品消费、保健器材购买、医院体检支出成为医疗保健支出的新亮点，居民人均保健消费支出1957.6元。其他商品和服务消费支出819元。

医疗卫生

民国时，布市里域内开设有中西医诊所，原址在骥江路与新建街交界处。1953年4月，县妇幼保健站成立。1956年，靖江县医药公司成立。1959年建工人医院，1968年建靖城卫生院，共有医务人员10余人。1971年，县卫生防疫站成立。2004年8月，靖城卫生院并入市人民医院。此后，社区65岁以上老年人

每年到渔婆卫生院体检，一般居民到中医院看病。

社区关爱居民健康，经常组织健康教育、义诊等活动，提高居民健康保健意识。2015年4月，布市里社区联合靖江国建微创医院举办心脑血管疾病义诊活动，普及防治心脑血管疾病知识。2016年4月，布市里社区联合靖江市糖尿病防治协会，在社区会议室开展"糖协在行动——健康大讲'糖'"特色服务活动，免费为居民检测血糖、血脂，医护人员还为居民讲解高血压、糖尿病的防治常识，提供关于合理膳食、科学用药的建议，近百名中老年居民听课。2017年3月15日，居委会邀请北京同仁堂医药专家、学者给社区老年人举办健康教育知识讲座。

靖江市第三人民医院 原址在骥江路与新建街交界处。前身为黄彬诊所，1959年建工人医院，1968年以后将周边的旅馆及刘小楼诊所兼并，共有六间门面，改成靖城卫生院，共有医务人员10余人。1990年改为靖江市第三人民医院，简称三院。2004年8月并入靖江市人民医院。

靖江县卫生防疫站 原位于人民北路59号，1963年，扬州专区卫生处拨款5000元在此建化验室150平方米。1971年10月，建立靖江县卫生防疫站。1975年翻建平房440平方米。1978年3

月，建办公大楼 1250 平方米。至 1990 年，卫生防疫站有房屋建筑面积 3216 平方米，职工 64 人，设有防疫科、结防科、检验科等 9 个科室。1993 年迁至人民南路。

靖江县医药公司 1956 年 5 月，中国药材公司江苏省靖江县公司成立，位于西直街 95 号。时有职工 17 人，房屋 80 平方米，租用房屋 400 平方米。1958 年 4 月，改称靖江县商业局药材经理部。5 月，靖江县百货公司将西药经营业务划归药材经理部。7 月，撤销药材经理部，建靖江县医药公司。9 月 14 日，接收靖城地区公私合营 5 个药业商店门市部，对其实行统一领导、统一经济核算。10 月，第二、第五门市部划给县人民医院和县中医院做中药配方部，撤销第四门市部。1963 年，公司迁至人民南路。

靖江县妇幼保健站（所） 1953 年 4 月成立，原位于中兴街，后迁至人民医院。"文化大革命"期间撤销，1977 年复建。1978 年，在人民路 59 号建办公用房 250 平方米。1982 年 7 月 27 日更名靖江县妇幼保健所，并设门诊病房收治病人。1983 年设妇保组、儿保组。1984 年撤去病房。1987 年，妇幼保健所有职工 17 人，其中卫生技术人员 15 人。1988 年 4 月迁至幸福路（今江华街）5 号。

社会保障

2015 年，布市里制定《开展"寒冬送温暖"专项救助行动，及时救助生活无着流浪、乞讨人员工作方案》，在社区开展寒冬送温暖行动。社区组织"小红帽"义工巡逻队和辖区民警一起全面排查梳理，对生活无着流浪、乞讨人员进行劝导和引导，劝导他们到救助管理机构接受救助，并护送未成年人、残疾人、行动不便人员、危重病人和智障人员进入医疗机构接受救治和诊断。至 2017 年底，布市里社区居民的社会保障体系实现全覆盖，其中机关事业单位社保占 20%，城乡居民社保占 10%，企业职工社保占 69.9%，新型农村合作医疗占 0.1%。

至 2017 年，布市里有财政供养的民政优扶对象 13 人。其中，重残人员享受最低生活保障 6 人，每人每月享有 680 元补助；城镇最低生活保障 1 人，享有每月 816 元补助；下岗、失业转业志愿兵 3 人，每人每月享有 546 元补助；一户多残 1 户，享有每月 408 元补助；因公在职九级伤残 1 人，享有每月 849 元补助；企业退休参战人员 1 人，享有每年 4000 元的补助；1 名下岗、失业转业志愿兵同时还是带病回乡复员军人，另享有每月 758 元补助；1 名重残低保人员享有每月 120 元的护理补助。

商贸重地

布市里自靖江建县后一直是商贸重地。清初，布市里除了布市，还有柴市、猪市、羊市、青果市、棉花市、鱼市、竹市、木市等。清末，曹静华在西门外开设

协兴和南货茶食店，刘顺庚在城内创办时利和南华茶食店，两店生产销售的茶食，用料讲究、质优价廉，中秋月饼藏至来年春节不变质，颇受顾客欢迎。

民国时期，在布市里、西门外云集了众多工商业者，店铺林立。

民国七年（1918），靖城人刘太和、朱鉴庭合股在西门外胜利街开办久源药栈。该栈全年营业1万元，批发和零售各半。后，久源药栈归刘太和经营。抗战全面爆发后，史铭勋、刘仲贤在西门外创办南协康南货号，中途停业。后刘仲贤等另筹资金，开设福康南货号。

靖城解放前，布市里的工商业大体以木行、钱庄、棉布、南货、五洋（火柴、火油、蜡烛、卷烟、肥皂）等百货业为盛。当时，在西门外缪铁安等开设有缪春生号，以经营钉、铁、油、麻为主，兼销火油。1949年刘子纯、祝文耀等在西门外设立协太公司分公司，经销卷烟和肥皂。

德诚·城市广场的商家

20 世纪 80 年代，域内商业街区和主要商业网点多集中于骥江路和人民中路。府前街的理发、布市里的童装、团结路的小商品、胜利街的日杂百货各具特色。1988 年，域内有商业网点 477 个，营业面积 23.5 万平方米，商业销售总额 405 万元。

1990 年起，域内兴起三产热，集体商业及个体私营商业迅猛发展。靖江第一家超市——亨德利超市在人民北路开业。县商业局、物资局、供销社增加销售网点，开办各类经营部、门市部。将原先散落在街头巷尾的小摊小贩进行整合，在布市里设立靖城规模最大、品种最多的小商品市场。1993 年，临街、路边商业用房日益增多。直至 2017 年底，域内共有商业网点 496 个，营业面积 46 万平方米。

商圈·商贸企业

骥江路步行街 位于人民路和骥江路交界处，占地面积 3 万余平方米，由南通德诚房地产有限公司全资子公司靖江德诚房地产有限公司开发，为靖江首个购物、休闲、餐饮、娱乐多功能一站式消费模式的商业步行街区。总建筑面积达 14 万平方米。步行街系统由一个近 4800 平方米的中心广场、多个形态各异的小型广场通过 3 条主要商业街及空中连廊将 9 幢功能不同的建筑连成一体，由空中、地面立体步行系统连接主要开放空间，形成"立体街区"。广场设置了自动扶梯及大型观光电梯、观光天桥，至 2009 年 6 月，时代超级购物中心、文峰大世界百货、银泰百货、必胜客、肯德基、大娘水饺、宝灵珠宝、六福珠宝等商业知名品牌先后签约入驻，沿袭百年商业传统的靖江商业核心圈焕发出勃勃生机。2017 年，营业总额达 30 亿元。

精亚·新天地商业街 位于人民路与新建街之间，系江阴精亚集团参与跨江联动，投入靖江老城区改造的第一项工程，2004 年开工，总投资 7100 万元，占地面积 1.89 万平方米，总建筑面积 5.23 万平方米，包括 400 间营业用房和 240 套住宅，2006 年建成开街。由下沉式广场、外廊、天桥、步行街和双层立体地下停车库构成。主营女性时尚生活品牌用品，并有配套餐饮服务。2017 年，营业额达 2.4 亿元。

文峰大世界 位于德诚·城市广场。2009 年 11 月 12 日，全国连锁"20 强"文峰大世界旗下的靖江文峰大世界正式开业，采用复合性业态定位，营业面积 3 万平方米，汇集主题百货、3C 电器、精品超市和众多娱乐业种，覆盖吃、穿、用、玩等市民生活的各个层面。2017 年，营业额达 3.01 亿元。

利群时代超市（靖江店）　位于人民路与骥江路交会处西北角地下一层。2009 年 6 月，时代超级购物中心入驻德诚·城市广场。经营面积 5000 平方米。2010 年，时代超级购物中心被韩国乐天玛特公司收购，更名为江苏乐天玛特超市有限公司。2017 年 3 月 5 日，乐天玛特靖江店停业。2018 年 8 月，被利群商业集团股份有限公司收购兼并。

超市内景

布市里夜景

第二篇　社区建设

　　布市里社区的房屋大多是清代、民国时期的老旧房屋,低矮阴暗。靖城解放后,虽经多次修缮,仍设施简陋,陈旧不堪。20世纪80年代,布市里建设被纳入县(市)城市总体规划。进入21世纪,靖江市政府对胜利街、团结街、骥江路等地块进行旧城改造,"实施一体两翼工程,提升城市宜居质量",倾力打造美丽布市里。社区建设翻天覆地,老城品位持续攀升。

建设规划

作为城关镇的核心区域,布市里社区建设和发展一直被纳入县(市)城市总体规划。

1964年2月20日,县市政建设委员会对靖城地区首次进行测量,并根据道路现状和发展趋势,对人民路和骥江路进行规划。

1987年,布市里的道路建设、建房管理被纳入城市管理范畴。1988年9月,县政府印发《靖江县城镇居民建房管理暂行规定》,规定城镇居民私房翻建、改建、扩建审批程序及建房用地面积等。2000年3月,靖城镇政府责成镇建设服务站实地勘察布市里社区,根据《靖江市城市总体规划(1995—2010)》制定《布市里社区建设规划》。

2000年后,市政府将胜利街、团结路、骥江路等沿线有着几十年甚至上百年历史的地段,以数字作为地块编号,开启老城改造计划。其中位于布市里社区的有09号地块,涉及布市里社区部分区域的有07号地块(东至布市里、北大街,南至精亚新天地,西至新建街,北至安宁路)和08号地块。2006年,09号地块进行规划,充分挖掘该地块在历史、商业、人文等方面的综合优势,统筹兼顾社会和经济双重效益,体现城市崭新形象,既具商业氛围,又具浓郁文化气息。整个地块分为3大功能区。德诚·城市广场,位于人民路西侧、骥江路南侧,总面积4810平方米;商贸中心,位于骥江路两侧,总面积41726平方米。该地块以国内知名的大型时尚百货主力店和超市为主体,辅以各类规模不等的品牌专卖店和时尚零售店;文化中心,位于骥江路南侧、布市里西侧,总面积3430平方米,主要由书城、电影院、青少年活动中心等组成。

2015年,靖城街道提出"实施一体两翼工程,提升城市宜居质量"发展思路,以老城区为主体,完善城市载体功能,倾力打造美丽布市里。

2016年,布市里社区再次被靖江市城乡规划设计院纳入《靖城街道办事处西片区城中村改造规划》,作为城中村进行改造,并通过专家评审。

道路

至清末，靖城域内有街巷14条，城外有街巷7条。民国期间，城区扩大，街巷随之增多。至新中国成立前，城区主要道路有介寿路（今人民路）、胜利街及中山路、复兴路（今贯通为骥江路），其中3条在布市里，或者与其区毗邻。此外，布市里还有数条里弄小巷，形成街巷网络。当时城区街道街面狭窄，道路不平。主要街道为片石、弹石、碎石路面，宽仅2—3米，其他道路为泥土路面。稍微具有规模的大街是中正路，长不足500米，宽不到7米。新中国成立后，城区道路得到拓宽，路面也逐渐被改造成水泥路面。

1956年对中兴街（今骥江路中段）实施拓宽，而后逐步改造其他街道。自20世纪50年代至20世纪70年代中期，虽对城区道路、桥梁进行过多次改造和建设，城区面貌有所改变，但老城街道狭窄、人车拥挤、商摊混杂的面貌并没有从根本上得到改变，基本上维持靖城解放前的城市格局。

1977年，布市里域内的解放南路和解放北路拓宽改造，路面由原来的煤渣路改建为砂石路。新建街拓宽工程从20世纪70年代后期开始，铺设水泥路面（宽15米，车行道9米，两侧人行道各3米）。1980年，骥江中路（东城桥至新建街）按路宽20米（车行道11米，混凝土路面；两侧人行道各4.5米，水泥预制块）的标准逐步拓建。1981年，解放南路和布市里街又改建成为沥青路。人民北路经数次拓宽，至1983年建成宽24米（车行道16米，两侧人行道各4米，水泥预制块）的沥青路。

布市里街 南至团结路，北至解放北路，社区因街而得名。因位于学宫西侧，曾名学西街。清光绪五年（1879）《靖江县志》卷二《营建志·街巷》载："学西街，自大通街（今骥江路）达北门。"20世纪60年代改名四新弄，长480米，宽3—4米，1981年恢复原名。

人民北路 南至人民桥，北至城北桥，省道S229姜八公路（姜堰—八圩）靖城段，纵贯城区。经布市里社区过境，全长 469 米，该路最初系城邑南北市河东岸的一条通道。民国二十一年（1932）筑成 3 米宽的块石路面，原名介寿路。民国二十七年（1938），伪县公署迁入城内，由于该路狭窄，日伪军的军用汽车无法进城，日军强令居民拆迁。1957 年，为确保交通干线晴雨均可通车，人民北路铺设碎石路面。1970 年，该段石子路面单车通道由 3.5 米改为双车道 5 米。1976 年至 1982 年，人民北路继续拓宽，拓宽后的人民北路宽 24 米（车行道 16 米，路面铺浇沥青；两侧人行道各 4 米，铺筑混凝土预制块）。2000 年 7 月，人民路再次拓宽改造，对沿线建筑的拆迁全面展开。2001 年 9 月，工程竣工，是靖江重要的商业街。

骥江中路　东起人民路，西至新建街，全长430米。明清时叫大通街，民国时称中山路，靖城解放后曾改名中兴街、东方红街。1981年改名骥江路，是县、镇行政领导机关、各公司、商店及主要文化教育娱乐设施集中地。1988年为城区主要商业街道之一，道侧有百货、日杂、五金、餐饮、住宿、食品、烟酒、图书等各类商铺以及歌舞厅、电影院等娱乐场所。该路首次拓宽于1956年，路面从2.5米拓宽为8米，条石路面改铺成片石路面。1980年8月开始，按路宽20米（车行道11米，混凝土路面；两侧人行道各4.5米，混凝土预制块）的标准逐步拓建完成。其中，胜利街至新建路段，因障碍拆除困难，均按半路面设计

布市里街

施工，分两次完成。至 1987 年下半年，拓宽工程结束。自 1993 年起，骥江西路进行危房改造，街道两侧门面房统一规划、设计。骥江路商业街向西延伸 330 余米至渔婆路，宽 20 米。2002 年，规划将骥江路中段改为步行街，2007 年 7 月开工建设，2009 年底竣工开街。

新建街　原名新建路，2002 年更名为新建街。南接江平路，北迄真武河，全长 1800 米。原为靖城西门外一条叫羊市河的水道，后淤塞填土成路，名新建路，是布市里第二条纵向干道。1977 年于该路中段（骥江路至烈帝庙街）填河筑路，建下水道。一年后铺成 15 米宽砂石路（车行道 9 米，两侧人行道各 3 米）。1983 年将砂石路改建成水泥路，两侧人行道设临时农贸市场。从烈帝庙街到玉带河一段，于 1978 年拆除条石街，埋设下水道，路面铺筑预制块。北段玉带河至真武河，于 1982 年拓建，砂石路面。新建南路（小关庙至江平路），于 1986 年 4 月开工，经一年半时间，开辟并筑成 15 米宽砂石路，同时建成小关庙桥，沟通南北。20 世纪 90 年代成为靖城重要的商业街，主营五金、灯具、家纺、电动车等，此外有旅馆餐饮、美容美发、歌厅酒吧、中介服务等行业，基本形成娱乐、餐饮、购物、健身一体化的综合型商贸服务一条街。

胜利街　南至江平路，北至安宁路。原为靖城西门护城河外一条南北向土路，因百姓在此设摊交易，渐成街市，称西河路。1945 年 8 月，因抗战胜利而命名为胜利街。从清光绪初年到 1949 年 1 月靖城解放的 70 多年中，西城门外往北发展，与北市街西首相接，并延伸至真武殿（今市看守所附近），是城外最长的一条南北新街道。

解放南路　位于怡馨苑小区南侧，西至新建街，东至人民北路。全长 405 米。为庆祝靖城人民解放而得名。原为后铺街及河道，后拓展成路。

解放北路　位于布市里社区北侧，东至人民北路，西至北城桥。全长 225 米。为庆祝靖城人民解放而得名。原为北城墙，1951 年 6 月起逐步拆除，1966 年后建成解放北路。

府后弄　东至人民北路，西至布市里街，原为一条东西走向的马车道。因位于县政府北门（一说是位于原会元府后），故名。

供水

20 世纪 60 年代以前，居民一直饮用河水、井水。

1958 年"大跃进"时大办工业，工厂数量剧增，城区用水问题日趋严重。1964 年，县人民委员会决定新建以地下水为水源的日产 1200 吨的小型自来水厂一座。1965 年第三季度设计，第四季度备料施工,居民参加义务劳动,分段包干,按期完成建设任务。1966年10月1日,布市里居民第一次用上自来水。供水1年,深井水水质硬度超标,经华东市政工程公司设计院分析研究决定,水源改深井水为地表水,取水口在十圩港新虹桥边。20世纪80年代,水源水质问题受十圩港污水影响日益严重。1982年4月,水厂取水口迁建至长江边,以长江水为水源供居民企业使用。至2017年末,社区自来水普及率达100%。

供气

2005年3月,靖江市天力燃气有限公司在江平路成立,开始向城区输送来自"西气东输"的管道天然气。2015年1月,布市里社区怡馨苑、解放南路和解放北路,开始安装管道天然气。至2017年,域内拥有天然气用户793户。

亮化

民国前,县城内并无路灯,每当夜幕降临,只在城门和主要街道的交叉口数处悬挂灯笼或玻璃方灯。商行货店,常在自家门面上挂几盏灯以招徕顾客。逢年过节,少数富家豪户便在门前宅旁张灯结彩。

民国十七年(1928),骥星电灯公司

爬满青藤的老屋

在主要沿街路段设有路灯,域内有零星数盏,由沿街商户适当补贴资金,作电费及日常维护费用。其后由于战争频发,路灯时有时无。

民国三十六年(1947),国民党政府整顿市容,对域内原有路灯进行重新整设。

1953年秋,湖南省常德市油米加工厂老板陈宗熙,从常德运来日制宝林达80匹马力柴油机和40千瓦发电机1台(套),在布市里与县政府合办公私合营靖江电厂,日发电量360千瓦时,装灯1600盏,并为2座小型电灌站供电,至1957年停办。

1965年,为改善域内道路照明,靖江县建设委员会将域内木电杆换为水泥电杆,将普通灯头换为防雨灯头。

2003年—2017年,市住建局先后在人民路、解放南路、解放北路、新建街、胜利街等路段安装路灯140盏,方便居民夜间出行,域内环境得到亮化、美化。

2017年,布市里所有路段实现路灯覆盖。

社区小景

布市里社区路灯分布一览表

表 2-1

道路	电气规格	灯型	灯杆数	灯数(盏)	功率(千瓦)
人民路 (北城河—骥江路)	400瓦电感镇流器	12米中杆灯	4	14	6.16
	400瓦电子镇流器	10米单挑灯	6	6	2.77
	250瓦电子镇流器	10米双挑灯	22	22	6.39
	150瓦电子镇流器	10米双挑灯	20	20	3.49
	18瓦节能灯	10米双挑灯	38	38	0.66
新建街 (骥江西路—解放北路)	400瓦电感镇流器	8米单挑灯	11	11	5.08
解放南路 (人民路—胜利街)	250瓦电子镇流器	8米单挑灯	6	6	1.74
解放北路 (人民路—胜利街)	150瓦电子镇流器	1.5米悬挑灯	7	7	1.22
布市里弄 (精亚—解放北路)	250瓦电子镇流器	8米单挑灯	6	6	1.74
布市里社区	150瓦钠灯	1.5米悬挑灯	7	7	1.22
	65瓦节能灯	1米悬挑灯	1	1	0.07
	65瓦节能灯	1米挂壁灯	2	2	0.13

环境整治

绿化美化

20 世纪 90 年代前，社区几乎没有公共绿地。1993 年，随着靖江创建省级卫生城市，域内开始建设公共绿地，有序推进道路绿化、河畔绿化、园林绿化。2004 年起，布市里以争创省级文明城市为契机到协同"三城同创"（创建国家卫

生城市、园林城市、生态城市），结合旧城改造，全面实施道路绿化、河道绿化、停车场地绿化、健身场地绿化，精心打造绿色社区。2002年6月，布市里社区就被确定为泰州市第四批"绿色社区"。按照"绿色社区"的标准，社区居委会在域内道路河道两旁、背街小巷、小区闲置地块植树、栽花、种草，以美化社区环境。绿化植物主要有银杏、栎树、冬青、洋紫荆、合欢、广玉兰、紫薇、香樟、雪松、枫树、茉莉、桂花、月季、一品红、栀子花、丁香、黄杨木等。2007年，建成小游园绿地，面积200平方米。2008年，布市里被江苏省环境保护委员会办公室评为江苏省绿色社区。至2014年，社区绿化面积达2281.3平方米。

2017年6月4日"世界环保日"，社区举办"楼道创意装点绿色，孕育和谐邻里情"主题活动，将废旧塑料瓶制作成精美的花器，种上花草，悬挂在怡馨苑小区楼道中，美化社区楼道，增加居民居住舒适度。

社区小花园

布市里社区绿化一览表

表2-2

名称	绿化地点（具体位置）	绿化面积（平方米）
第一网格	人民路至乐天玛特路牙	34.68
	文峰	24
	德诚·城市广场	24
	德诚·城市广场	18.24
	步行街、肯德基—华都百货	116.1
	德诚·城市广场与布市里路牙	18.5
	德诚·城市广场与新西北路路牙	18.5
第二网格	米兰1#	186.09
	米兰2#	166
第三网格	娇娇音响南侧至机关宿舍南门	27
	解放南路机关宿舍内	592.17
	财政所宿舍内	43.42
	财政所宿舍前	22.28
第四网格	解放南路9号内	18.50
	防疫站宿舍内	6.32
	解放南路16弄前	3
	怡馨苑宿舍1号楼门前	3
第五网格	解放南路21号西侧	30.75
	解放北路20-24号门前	18.5
第六网格	北城河沿南侧	50
	布市里居家养老门前	640
	解放北路与北城河沿交界	156
	解放北路54-1号	6.75
	胜利街298号后及周边	40
	胜利街296号前	13.5
	胜利街290号西侧	4
合　计		2281.3

老旧小区改造

布市里原来的房屋大多是清代、民国时期的老旧房屋,低矮阴暗,几近危房。靖城解放后,虽经多次修缮,但设施简陋,陈旧不堪。社区道路狭窄、破损,基本建设薄弱,硬件设施落后。20世纪80年代后,县委、县(市)政府逐步拆迁改造老城区,布市里面貌不断改善。

2000年起,市委、市政府实施旧城中心区改造。该项改造工程将旧城区中心分为31个地块,形成以人民路、骥江路为核心的"十"字形公共商业活动带,辅以中心广场区、综合商业区、文化娱乐区、金融区、居民住宅区等功能片区。布市里实施改造的重点工程有精亚·新天地、骥江路步行街等。

精亚·新天地商住区位于人民路与新建路之间的布市里中心地带,2000年开工建设,2006年建成,总投资7100万元,总建筑面积5.23万平方米,包括400间营业用房和240套住宅,配套建设步行街和胜利广场。骥江路步行街,西临新建路,东至人民路,全长430米,2007年7月开工建设,2009年底建成。步行街沿街建筑大多控制在4—5层,街断面宽高比为1:1.5。建筑立面注重体现现代风格,强调建筑材料和色彩的和谐运用。街心绿化配置合理,构成舒适宜人的步行环境。步行街东首的德城·城市广场,南倚团结路,北至解放南路,建筑面积14.25万平方米,其中地上建筑面积10.24万平方米,由9幢相对独立又互相连接的建筑围合而成,由空中、地面立体步行系统连接主要开放空间,形成"立体街区"。

09号地块 2000年起,靖江市政府对老城区实施改造,将旧城中心区分为31个地块分步进行,其中09号地块东至人民路,南至骥江路,西至布市里,北至新西路,面积51.4亩,约34728平方米,至2017年,已经完成德城·城市广场区域的改造。

专项治理

布市里针对群众反映的社区房屋破旧、道路坑洼、餐饮企业油烟、噪声污染等热点问题,由城管、建设、公安、工商、环保等执法部门开展专项整治。对社区道路先后三次进行大规模拓宽改造,至2017年,域内所有道路均改造成灰黑色路面,周边干道和街坊通道成方格网,兼顾排水、照明、消防和绿化功能。社区实行垃圾袋装化,先在解放南路进行试点,制定规范的垃圾收集标准,减少垃圾在社区的二次污染,便于环卫部门运输处理。专项整治域内"红与黑"、季市小吃店等餐饮企业油烟排放和噪声污

骥江路忆昔图（作者：陈明）

布市里社区主要建筑设施一览表

表 2-3

小区名称	建成年份	建筑面积(平方米)	总户数(户)	入住率
财政局宿舍	1985	6190	29	55%
公安局宿舍	1985	4500	55	40%
新建街保留建筑	1990	5160	43	70%
防疫站宿舍	1995	6380	58	40%
解放南路 21 弄	1995	16060	146	80%
机关宿舍	1995	17250	150	100%
怡馨苑	2004	18840	157	80%
精亚新天地	2006	25600	256	65%
德诚城市广场	2010	15904.45	106	100%
米兰公寓	2010	7700	70	100%

染，配合环保部门令其限期整改达标。2010 年，社区配合城管部门成立骥江路步行街综合管理办公室，全面规范和管理步行街门头装潢、商业促销、路面保洁等行为，坚持疏堵结合、区别对待、分片包干、整体推进，确保街面整齐划一、清洁卫生。2015 年 6 月，社区志愿者开展以"和谐我生活，健康中国人"为主题的环保宣传活动，向辖区个体工商户发放环保宣传资料 2000 多份。同时组织居民观看环保展示牌，以提高社区居民的环保意识，提升布市里社区的整体形象。将域内 3 座旱厕统一改为水冲式公厕。至 2017 年，社区建有标准化公厕 3 座，由市政公司统一管理。是年，社区居民住房改厕率达 100%。

第三篇　社区管理

　　布市里位于靖江老城核心区,自20世纪60年代以来,建立党组织,依法选举居委会,完善各项规章制度。进入21世纪后,社区实施扁平化管理,优化服务环境,提升服务功能,满足社区居民多层次、多领域需求,在就业创业、养老服务、拥军优属、应急减灾等方面成绩斐然,成效卓著。2017年,社区"温馨公益银行"获评泰州市十佳社区服务品牌。

社区组织

中共组织

1962 年，成立中共靖城镇布市里支部委员会。1998 年 1 月，和城中社区合为一个联合支部；7 月，建立中共靖城镇布市里支部委员会。2013 年，成立中共靖城街道布市里社区总支委员会。2016 年，成立中共靖江市靖城街道布市里社区委员会，下辖精亚支部、怡馨苑支部、离退休支部、财政局机关支部、文峰大世界支部、宝达支部等 6 个党支部。2017 年，社区党委被中共靖江市委组织部评为 2015—2017 年度五星级基层党组织，同年，被靖城街道党工委评为先进基层党组织。

自治组织

布市里原属靖中居委会辖地。1983 年 4 月，靖中居委会分拆为布市里居委会和县前街居委会。1988 年以前，布市里居委会位于团结路，1988 年 12 月迁至解放南路机关宿舍 3-201 室，2009 年迁至解放北路 18 号。现社区居委会下设治保委员会、调解委员会和劳动协管服务窗口等。

2017 年，社区辖有德诚·城市广场、府后弄、防疫站宿舍、米兰公寓、财政局宿舍、解放南路 21 弄、机关宿舍、二招宿舍、解放北路、怡馨苑、精亚 8-9、精亚 10-11、精亚 13-16、新建街保留建筑、胜利街、布市里 16 个居民小组。

党员义工

"小红帽"义工服务队　2007 年成立，由老年人、个体工商户、企事业单位在职员工组成，参与扶贫帮困、环境保护、医疗服务、安全巡逻等方面工作。2012 年 5 月，"小红帽"义工服务队被评为江苏省十佳巾帼志愿服务队，成为泰州地区唯一获此殊荣的服务队。至 2017 年有义工服务队员近 300 人。

2016 年优秀"党员义工"：徐适、宋月华。

2017 年优秀"党员义工"：周剑、许琳、向征、徐和平、吴鹤昆、陆娟。

"五老志愿者" 社区于 2012 年成立"五老志愿者"队伍，现有"五老志愿者"19 人。

布市里社区党组织负责人任职一览表

表 3-1

单　位	职　务	姓　名	任 职 时 间
中共靖城镇布市里支部委员会	书记	卞纪章	1962 年—1989 年
中共靖城镇布市里支部委员会	书记	陈　雷	1989 年—1995 年
中共靖城镇布市里支部委员会	书记	宋琳玉	1995 年—1997 年
中共靖城镇城中联合支部委员会	书记	宋琳玉	1998 年 1 月—1998 年 6 月
中共靖城镇布市里支部委员会	书记	宋琳玉	1998 年 6 月—2000 年
中共靖城镇布市里支部委员会	书记	周小芬	2000 年—2013 年
中共靖城街道布市里社区总支委员会	书记	周小芬	2013 年—2016 年
中共靖城街道布市里社区总支委员会	书记	纪　媛	2016 年至今

布市里社区居委会负责人任职一览表

表 3-2

单　位	职　务	姓　名	任 职 时 间
布市里社区居委会	主任	盛菊田	1983 年—1996 年
布市里社区居委会	主任	宋琳玉	1996 年—1998 年
布市里社区居委会	主任	周小芬	1998 年—2013 年
布市里社区居委会	主任	王　馨	2013 年—2016 年
布市里社区居委会	主任	卢国锋	2016 年至今

2017 年布市里社区中共党员义工名录

表 3-3

姓 名	性别	民族	出生年月	学历	入党时间
吴鹤昆	男	汉族	1936年12月	大学	1962年7月1日
刘素清	女	汉族	1939年8月	高中	1979年3月8日
王九星	男	汉族	1942年7月	高中	1982年11月1日
宋月华	女	汉族	1943年7月	初中	1972年11月1日
宋玉培	男	汉族	1945年8月	初中	1968年9月20日
凌玉云	女	汉族	1946年1月	初中	1985年11月1日
端素珍	女	汉族	1946年3月	初中	1979年5月4日
王裕忠	男	汉族	1948年2月	高中	1991年6月1日
徐 适	男	汉族	1948年3月	大专	1987年7月1日
顾一清	男	汉族	1949 年 7 月	高中	1992年7月2日
曹启达	男	汉族	1951年7月	大专	1985年5月20日
苏翠英	女	汉族	1952年3月	初中	1972年8月1日
张美诚	女	汉族	1953年9月	大专	1994年11月1日
沈天南	男	汉族	1953年11月	初中	1975年1月1日
邓夏炎	男	汉族	1954年9月	初中	1992年1月15日
唐 文	男	汉族	1955年11月	中专	1998年10月1日
秦锡江	男	汉族	1957年1月	大专	1990年6月20日
郭 斌	男	汉族	1957年12月	大专	1980年2月1日
范企文	男	汉族	1958年6月	大专	1990年7月1日
陈 旭	男	汉族	1958年10月	高中	1982年1月1日
邵玉英	女	汉族	1960年10月	初中	1996年7月1日
朱建华	女	汉族	1964年4月	高中	1985年11月1日
商仪琴	女	汉族	1965年5月	高中	2004年10月1日
包依民	女	汉族	1966年1月	中专	2002年6月1日
张立群	女	汉族	1968年4月	大专	2009年7月1日
岳 雷	男	汉族	1969年4月	高中	1994年10月1日
吕锡昌	男	汉族	1970年12月	大专	1999年7月27日
纪 媛	女	汉族	1973年12月	大专	2002年1月18日
范慧君	女	汉族	1975年10月	大专	1999年8月1日
徐雪霭	女	汉族	1977年1月	大专	1998年10月1日
卢国锋	男	汉族	1978年4月	大专	2011年10月18日

续表

姓 名	性 别	民 族	出 生 年 月	学 历	入 党 时 间
包和琴	女	汉族	1978 年 12 月	大专	2018 年 12 月 15 日
江栋梁	男	汉族	1979 年 8 月	大学	2012 年 12 月 1 日
刘 玲	女	汉族	1987 年 5 月	大学	2012 年 6 月 28 日
钱 波	女	汉族	1988 年 11 月	大学	2009 年 1 月 6 日
孙 雯	女	汉族	1990 年 1 月	大学	2016 年 12 月 19 日

2017 年布市里社区"五老志愿者"名单

表 3-4

姓 名	性 别	出 生 年 月	政治面貌	文化程度
刘素清	女	1931 年 4 月	中共党员	高中
周连炜	男	1934 年 10 月	群众	大专
朱毓芬	女	1936 年 5 月	群众	初中
蒋玉英	女	1936 年 11 月	党员	小学
吴鹤昆	男	1936 年 12 月	党员	大学
朱绪芳	女	1938 年 4 月	党员	中专
王洪喜	男	1943 年 7 月	群众	初中
宋月华	女	1943 年 7 月	党员	初中
陆峥嵘	男	1944 年 1 月	群众	高中
袁益芳	女	1944 年 5 月	群众	初中
凌玉云	女	1946 年 1 月	党员	初中
王裕忠	男	1948 年 2 月	党员	高中
徐 适	男	1948 年 3 月	党员	大专
崔汝锡	男	1951 年 7 月	党员	高中
袁秀英	女	1951 年 11 月	群众	初中
苏翠英	女	1952 年 3 月	党员	初中
张美诚	女	1953 年 9 月	党员	大专
翟喜霞	女	1959 年 5 月	群众	初中
刘壮林	男	1961 年 12 月	党员	高中

社区服务

就业创业

布市里社区位于老城核心区,新中国成立之前,居民多以开店经商、经营小手工业或房屋出租为生。新中国成立后,社区居民全为城镇户口,在国营、集体企业或者机关事业单位工作。20世纪90年代末,国有集体企业改制,原来在企业工作的居民除了少部分留用,大多被推向市场,自谋职业。社区居民有的自主创业、经商,有的从事服务行业,有的则四处打工。2000年后,经济高速发展,社区居民收入稳中有增,大多生活无忧。

2010年,布市里推出基于日常劳保工作的阳光工作线,专门对社区低保、特困以及残障人士等群体实行扁平化动态管理,通过多种途径开展助医、助学、助困等慈善救助活动,帮助他们寻找、推荐合适的工作。2015年3月9日,布市里社区在钟楼广场举行"送政策、送岗位、送服务"三送招聘活动。辖区内的亿博文化办公、文峰大世界、乐天玛特超市、生野咖啡等商家,提供数十个工作岗位。十数人与用工单位达成就业意向。

养老服务

2007年10月,布市里成立居家养老服务站,内设助老餐厅、日间照料室、医疗室、服务接待室等,为社区老年人提供日托照料、护理陪伴、代购代买、配餐送餐等服务。同时社区还开展"三个一"(每天一次问候电话,每周一次上门探望,每月一次家庭聚会)亲情关怀活动,以实现"15分钟服务圈"和"20分钟步行圈应急呼救服务"为核心,规划建设布市里、解放北路2个日托中心,推出红丝带应急服务,将上门服务和社区日托相结合,解除不同年龄段和不同需求老人的后顾之忧。

2011年5月24日,靖江老干部大学、退休人员大学在布市里社区成立分校,同时老干部活动中心也在社区设立

2017 年布市里社区 90 岁以上老人名录

表 3-5

姓名	性别	出生年月	住址
陶明珠	女	1920 年 4 月	怡馨苑 5 幢
丁葆明	男	1921 年 11 月	解放南路 16 弄南楼
凌 静	女	1923 年 6 月	新天地滨江花园
周月英	女	1925 年 3 月	怡馨苑 4 幢
张秀娟	女	1925 年 3 月	怡馨苑 6 幢
陆永生	男	1925 年 10 月	新建街 134 号
邰素珍	女	1925 年 12 月	解放南路 16 弄 1 幢
张佳源	男	1926 年 11 月	精亚新天地 13 幢
卞纪章	男	1927 年 2 月	江平路 117 弄 33 号
瞿养民	男	1927 年 9 月	解放南路 25 号

了活动室。2014 年,社区借助公益创投平台升级居家养老,打造"桑榆展新枝,夕阳更青春"公益服务品牌。2016 年升级为"温馨公益银行·情系夕阳人生"公益服务品牌,全方位开展社区居家养老服务工作。依托居家养老项目,采取社区主导,居家养老服务站管理,专业社工和社区志愿者参与的"三社联动"机制,针对老年人需求,由专业义工和社区志愿者一起对空巢老人进行无偿或低偿服务。

"温馨公益银行"注册会员从最初的 288 人跃升为 856 人,注册专业服务团队由 6 个发展到 16 个,发布需求总数 4611 次,完成对接 4560 次,帮扶及互助人数 9000 余人次,该品牌先后被评为江苏省中国志愿服务项目、江苏省最佳公益社区服务项目、泰州市十佳社区服务品牌。

2017 年 11 月 23 日,社区在居家养老服务站举办"感恩生活,携爱同行"感恩节活动。社区志愿者、社区热心人士为社区孤寡老人、独居老人和军烈属包馄饨。玉蕙口腔的爱心志愿者们为居民讲解口腔日常保健方法,并进行免费口腔健康检查。是日,社区"小红帽"义工服务队,为社区的空巢、独居老人进行家政保洁等服务,安排专业义工检修水

社区老人的爱心午餐

为老年人提供健康义诊

电线路，排除安全隐患。截至2017年底，义工总数达300人。社区还发动党员义工、志愿者为辖区独居、空巢老人，开展"抱团取暖"活动，为老人理发、洗脚、打扫卫生，提供医疗保健、康复护理等，并为老人们包冬团和馄饨，开展"孝心包子庆元旦""飘香腊八迎新年""迎重阳·送温暖"等活动，慰问空巢孤寡老人。每年元旦，社区给孤寡老人做1000多个爱心包子，志愿者还将爱心包子送到所有行动不便的老人家中。80岁的孙教授夫妻俩是侨眷，老人的腿脚不方便，社区工作人员和志愿者逢年过节均去看望慰问。

2006年，社区被全国老龄工作委员会办公室评为全国敬老模范社区。2011年，社区老年活动中心被泰州市民政局评为泰州市先进老年活动中心。

拥军优属

社区十分重视拥军优属工作，每年元旦、春节和"八一"建军节期间，都召开拥军优属会议，邀请退役军人、军烈属参加，组织军民座谈联欢，放映电影和演出文艺节目。2015年7月10日晚，社区在德诚·城市广场开展"纪念抗日战争胜利七十周年"文艺公益巡演，特邀革命老战士周月英观看演出。周月英1946年参加中国人民解放军，经历过淮海战役、渡江战役。1949年随大军渡江南下，退役后定居靖江。其间，周月英为社区学生讲述当年靖江人民"宁可倾家荡产，也要支援前线"的动人故事。

应急减灾

2006年，布市里社区被泰州市确定为争创全国综合减灾示范社区试点单位，成立以党支部书记为组长的应急指挥队伍，制定社区减灾应急预案，编印应急手册，制定避难减灾应急演练方案，组织居民参加演练，掌握逃生技能。社区工作者、治安人员、社区义工加入应急组织机构，根据特长、身体状况，分别编入抢险抢修组、通讯联络巡逻组、医疗救护组、后勤保障组。2015年11月9日，布市里社区开展以"关注消防，平安你我"为主题的宣传活动，向社区居民讲解消防安全知识并现场发放消防安全手册、应急手册等宣传资料，演示灭火器的具体使用方法。2017年12月14日，布市里社区联合北大街社区开展灭火演练，社区10多名平安义工参与演练。

至2017年末，域内有地下掩蔽工程5个，使用面积20010平方米，可容纳45000人，地面疏散区5处，实用面积3万平方米，可容纳5453人。社区按规定储备各类应急物资、救援工具等。

2019年5月6日至12日，布市里社区、市应急局联合民政、气象、消防、供电、住建、水利、蓝天救援队等部门开展"防灾减灾宣传周"活动，主题为"提高灾害防治能力，构筑生命安全防线"。5月10日，各部门在天一广场设置宣传台，电子显示屏滚动播放防灾减灾宣传资料，号召市民积极参与，现场发放有关洪涝、台风、地震、地质等各类自然灾害以及生产安全、火灾、烟花爆竹燃放、燃气泄漏等事故的知识和防范应对基本技能手册。集中宣传活动期间，累计发放宣传小册子2000余份。蓝天救援队在现场演示防灾减灾、应急救援等内容。

2011年，社区被江苏省减灾委员会、江苏省民政厅评为江苏省综合减灾示范社区，被江苏省地震局评为江苏省地震安全示范社区。2012年，被泰州市气象局、泰州市民政局评为气象灾害应急准备工作达标单位，被国家减灾委员会、民政部评为全国综合减灾示范社区。

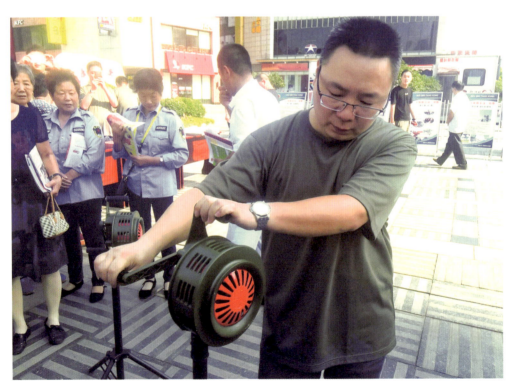

2017年12月14日，布市里社区举办应急演练

布市里社区居委会
居家养老服务工作流程图

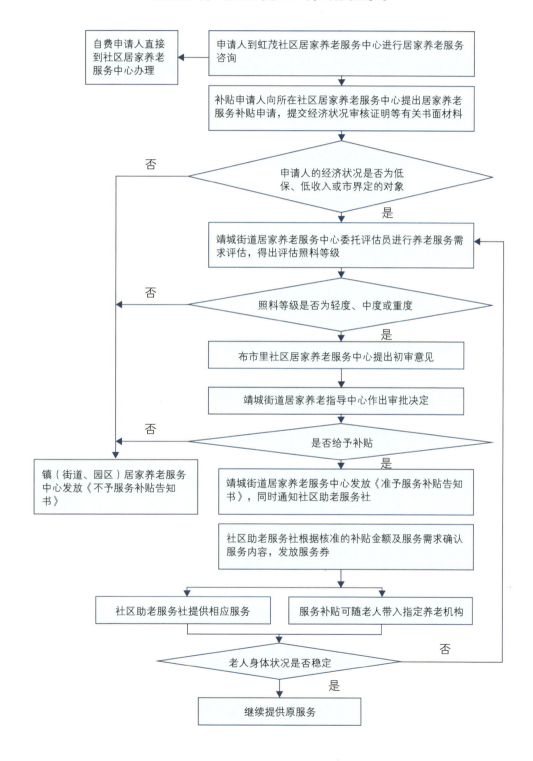

自费申请人直接到社区居家养老服务中心办理

申请人到虹茂社区居家养老服务中心进行居家养老服务咨询

补贴申请人向所在社区居家养老服务中心提出居家养老服务补贴申请，提交经济状况审核证明等有关书面材料

否 ← 申请人的经济状况是否为低保、低收入或市界定的对象 → 是

靖城街道居家养老服务中心委托评估员进行养老服务需求评估，得出评估照料等级

否 ← 照料等级是否为轻度、中度或重度 → 是

布市里社区居家养老服务中心提出初审意见

靖城街道居家养老指导中心作出审批决定

否 ← 是否给予补贴 → 是

镇（街道、园区）居家养老服务中心发放《不予服务补贴告知书》

靖城街道居家养老服务中心发放《准予服务补贴告知书》，同时通知社区助老服务社

社区助老服务社根据核准的补贴金额及服务需求确认服务内容，发放服务券

社区助老服务社提供相应服务

服务补贴可随老人带入指定养老机构

老人身体状况是否稳定 → 是 / 否

继续提供原服务

2017 年布市里社区退役军人名录

表 3-6

姓 名	性别	出生年月	退役时间
周月英	女	1925 年 3 月	—
姜敦华	男	1929 年 12 月	1957 年 7 月
朱钟华	男	1934 年 2 月	1955 年 7 月
周连炜	男	1934 年 3 月	1953 年 1 月
沈天林	男	1935 年 11 月	1961 年 8 月
刘德芳	男	1936 年 2 月	1963 年 4 月
尹之林	男	1937 年 1 月	1958 年 2 月
施君华	男	1938 年 1 月	1958 年 1 月
朱银生	男	1938 年 11 月	1961 年 8 月
李洪先	男	1940 年 12 月	1974 年 5 月
杨国民	男	1942 年 2 月	1968 年 3 月
鞠尧松	男	1943 年 12 月	1965 年 1 月
陆峥嵘	男	1944 年 1 月	1969 年 3 月
徐三坤	男	1944 年 7 月	1966 年 1 月
陈希明	男	1945 年 4 月	1968 年 3 月
蔡满根	男	1945 年 8 月	1969 年 3 月
葛长发	男	1946 年 11 月	1969 年 3 月
郑云鹤	男	1947 年 4 月	—
孙祖华	男	1949 年 8 月	1973 年 2 月
李荣华	男	1949 年 12 月	1975 年 3 月
吕华红	男	1951 年 3 月	1985 年 1 月
崔汝锡	男	1951 年 7 月	1973 年 1 月
李有锋	男	1951 年 11 月	1976 年 3 月
陆根生	男	1951 年 12 月	1975 年 3 月
朱炳祥	男	1952 年 3 月	1976 年 3 月
郁雪培	男	1952 年 4 月	1975 年 2 月

姓　名	性别	出生年月	退役时间
潘卫清	男	1952 年 7 月	1975 年 3 月
陈桂枝	男	1954 年 9 月	1988 年 8 月
张宗宪	男	1954 年 1 月	1977 年 3 月
倪新民	男	1954 年 1 月	1976 年 2 月
夏浩良	男	1955 年 1 月	1978 年 4 月
徐宝郎	男	1955 年 5 月	1977 年 12 月
戴如林	男	1955 年 9 月	1984 年 1 月
陈仁林	男	1956 年 1 月	1978 年 5 月
祝建明	男	1956 年 9 月	1980 年 1 月
成中苏	男	1956 年 1 月	1981 年 1 月
朱正海	男	1957 年 1 月	1980 年 1 月
郭　斌	男	1957 年 12 月	1982 年 1 月
薛运青	男	1958 年 5 月	1981 年 1 月
范企文	男	1958 年 6 月	1981 年 1 月
刘兰澄	男	1958 年 1 月	1982 年 12 月
吴亚群	男	1959 年 5 月	1982 年 12 月
薛刚元	男	1959 年 5 月	1982 年 1 月
张荣章	男	1960 年 7 月	1991 年 3 月
陈先林	男	1960 年 8 月	1982 年 1 月
施剑清	男	1960 年 8 月	1982 年 1 月
陈　宏	男	1960 年 1 月	1983 年 1 月
陆　云	男	1961 年 8 月	1981 年 1 月
缪　维	男	1962 年 1 月	1985 年 9 月
朱卫灿	男	1962 年 12 月	1994 年 1 月
褚善民	男	1963 年 4 月	1982 年 12 月
盛五一	男	1963 年 6 月	1983 年 12 月
徐玉平	男	1963 年 9 月	1986 年 1 月

续表

姓　名	性别	出生年月	退役时间
孙一民	男	1965 年 2 月	—
王振武	男	1965 年 1 月	1987 年 1 月
朱永新	男	1966 年 7 月	1989 年 3 月
钱江韬	男	1968 年 2 月	1994 年 1 月
岳　雷	男	1969 年 4 月	1992 年 12 月
张红宇	男	1969 年 8 月	1992 年 12 月
侯利民	男	1969 年 12 月	1999 年 4 月
薛刚荣	男	1970 年 2 月	1994 年 12 月
吴顺国	男	1972 年 12 月	1994 年 12 月
黄李章	男	1973 年 7 月	2003 年 4 月
徐雪霓	女	1977 年 1 月	1999 年 12 月
芦　键	男	1977 年 7 月	1998 年 12 月
顾　彬	男	1979 年 6 月	2000 年 12 月
徐　林	男	1981 年 1 月	—
冯文章	男	1983 年 3 月	2004 年 12 月
施玮杰	男	1985 年 3 月	2009 年 12 月
徐　虎	男	1986 年 5 月	2005 年 12 月
姚　清	女	1987 年 9 月	现役
刘　镇	男	1988 年 5 月	2008 年 12 月
朱元锴	男	1989 年 1 月	—
李秉翼	男	1991 年 12 月	2017 年 9 月
王文畅	男	1996 年 8 月	2018 年 9 月

服务管理

依法进行居民委员会换届选举，健全居民委员会组织机构，完善各项规章制度，使上位制度与下位制度相衔接，把学习制度和执行制度融为一体。根据实际情况，及时建新章、立新规。旧城改造以后，社区应对管理上的挑战，合理配置管理力量，实行扁平化管理，使社区管理更加高效，更贴近百姓。形成以社区居委会为主、小区物业为辅的双层管理体系。

大力开展民主评议活动，群策群力协商解决群众反映强烈的热点难点问题，实现民主自治和服务管理有效衔接。

设立一站式服务大厅，配齐综合服务窗口，集劳动保障工作站、青少年校外辅导站、居家养老服务站、残疾人康复室、民主议事室、文体活动室、民防宣教室、书画室、微型消防站于一体，优化社区服务环境，满足社区居民多层次、多领域需求，社区服务功能得到大幅度提升。

2011年12月4日，布市里社区第四届居民委员会换届选举大会

社区文化

社区文化

布市里崇文重教，民国时期建立民众教育馆。1954年，骥江中路建有图书馆。改革开放后，布市里关注居民文化精神需求，组织辖区居民开展系列文艺活动。1982年，在靖江县总工会、团县委、文教局举办的靖江县群众歌手评选中，社区居民陈海云、郑汉儒获靖江县"最佳歌手"称号。2010年初，利用精亚新天地内闲置的地下广场建设文艺广场，供老年文艺爱好者排练、演出。社区购置音响设备，邀请专业舞蹈老师为社区舞蹈爱好者讲授舞蹈知识和表演技巧，带动数百名居民走出家门、走向广场，登上"百姓大舞台"。是年6月开始，老年艺术团每个周末在广场为附近居民表演节目。

2012年9月13日，市第30届文艺节开幕式暨"欢乐金秋·激情马洲"群众广场文艺演出在德诚·城市广场举行。此后的历届文艺节开幕式均在此举行。2014年11月24日，布市里社区在市民广场前举行"爱自己 爱生活"百姓大舞台活动展示，组织社区老年居民登台演出，在精彩的歌舞表演中展示健康活力。2015年1月1日，由靖城街道办文化站、布市里社区、文峰大世界举办的"飞悦2015 幸福扬帆"大型演出在德诚·城市广场举行，有歌舞、诗歌朗诵、小品、戏曲，社区群众一起欢庆元旦。4月25日，布市里社区联合小关庙社区在天一广场举办"运动秀起来，健康伴成长"家庭趣味运动会，来自2个社区的近50个青少年家庭参加4个项目的角逐，活动现场还设置了青少年成长心理咨询平台，吸引家长向专业社工请教，部分年轻妈妈报名参加社区"母亲素养工程"讲座。7月30日，社区携手靖江文峰大世界组织开展"温馨家园 美好生活"暨"荧光夜跑啤酒音乐节"活动，着力打造社区"15分钟文化圈"和"10分钟健身圈"。

2017年，邀约社区居民开展文化创建活动。其间，居委会委员郑汉儒和社区工作人员共同创作社区之歌《布市里社区我们的家》。

社区之歌

布市里社区我们的家(社区之歌)

作词：郑汉儒
作曲：布市里社区集体

1=D 2/4

```
5·35 6·1 | 65 32 1 | 3 i 7·6 | 5 — | 6 5 6 | i | 6 5 6 | 1 |
```
1. 布市里　社　区 我 们 的 家　　社　区 盛 开
2. 布市里　社　区 我 们 的 家　　社　区 绽 放
3. 布市里　社　区 我 们 的 家　　社　区 共 育

```
6 1 3 5 | 2 — | 3 32 35 | 27 6 | 6 1 5 2 | 3 — |
```
和　谐　花　　邻里 和睦 好温 馨 好　温　馨
科　技　花　　保护 环境 不污 染 不　污　染
文　明　花　　男女 老少 勤锻 炼 勤　锻　炼

```
2 3 5 6 | 43 2 | 6 5 | 53 2 | 1 — | i i 2 7 6 | 5 — |
```
爱 心 牵动 你我 他　你　我　他　　尊敬 老　人
树 茂 花香 有绿 化　爱　绿　化　　节约 能　源
棋 牌 室里 更潇 洒　更　潇　洒　　打拳 舞　扇

```
3 i i 35 | 6 — | 66 i 7 6 | 53 2 | 6 5 | 53 21 | 2 — |
```
扬　美　德　　关心 青少年 责任 大　责　任　大
讲　实　效　　科技 走 进 小康 家　小　康　家
跳　街　舞　　健康 快乐 享年 华　享　年　华

```
i i i 27 6 | 5 — | 3 i i 35 | 6 — | 66 i 6 | 53 2 |
```
居民 素　质　　大 提　高　　安定 团结 兴中 华
为了 社　区　　更 美　好　　优良 传统 人人 夸
增强 体　质　　是 目　标　　长寿 之乡 传佳 话

```
6 5 53 2 | 1 — ‖
```
兴　中　华
人　人　夸
传　佳　话

社规民约

为维护社区秩序,弘扬社会道德,树立良好的民风民俗,社区居委会相继制定了《布市里社区居民公约》《布市里社区邻里公约》《家庭文明公约》《家庭环保公约》,为配合市委、市政府创建文明卫生城市发挥了积极作用。

布市里社区居民公约

爱党爱国	关心政治	关心集体	团结进取
热心公益	诚实守信	尊师重教	建设靖城
遵纪守法	拥军优属	维护安定	保家卫国
弘扬正气	崇尚科学	扶正祛邪	破除迷信
勤劳俭朴	移风易俗	计划生育	敬老爱幼
勤学上进	胸怀宽阔	文明健身	增强体质
礼貌待人	家庭和睦	举止文明	邻里相亲
语言优美	见义勇为	行为有度	助人为乐
循规建设	按章纳税	保护文物	爱护公物
讲究卫生	垃圾袋装	杂物慎放	保护环境

布市里社区邻里公约

一、自觉维护社区秩序,遵纪守法,不违法滋事;

二、爱护社区公共空间,自清自律,不损人利己;

三、遵循中华传统美德,尊老爱幼,不出口无德;

四、人来车往注意安全,沉稳谦让,不喧哗鸣笛;

五、慎养调教猫狗宠物,污物自清,不惊扰四邻;

六、爱护社区花木绿地,美化环境,不摘花采草;

七、垃圾废物扎紧入箱,楼道整洁,不高空抛物;

八、安全燃放烟花爆竹,顾及邻居,不存危险品;

九、装修房屋适时适度,保持卫生,不乱丢乱弃;

十、健身器材路灯报箱,悉心爱护,不乱拆乱卸;

十一、集体维权公共议事,献计献策,不冷漠无衷;

十二、煤电燃气上水下水,离家关闭,不隐患遗忘;

十三、左邻右舍互相信任,团结友爱,不互相猜忌;

十四、待人处事态度随和,自重自律,不散布流言:

十五、情理兼顾宽以待人,待人厚道,不刁蛮霸道;

十六、急人之难雪中送炭,力所能及,不推脱敢行。

家庭文明公约

邻里见面问声好,有事相求说声请。

偶有碰撞道声歉,受人帮助言声谢。

提倡文明用语,不要脏话粗话;

提倡互敬互谅,不要吵嘴打架;

提倡尊老敬老,不要弃老啃老;

提倡亲情友情,不要见利忘义;

提倡民主协商,不要主观臆断;

提倡科学健身,不要封建迷信;

提倡邻里互助,不要无事生非;

提倡绿色消费,不要破坏环境。

第四篇　风土风物

　　布市里在 500 多年漫漫的历史长河中，积淀了富有个性、特色的地域文化和风土风物。县衙、江峰阁、学宫等古迹以及实验小学、新泰丰、画廊、老字号成为社区居民挥之不去的老街记忆。来源于民间又传承于民间的民风习俗，烙着地方特有印记，让生活浸润着情趣。方言俗语，诉说乡愁，交流融合，历久弥新。

古迹考略

县衙

明成化七年（1471），靖江建县。成化八年（1472），首任知县张汝华选择东沙土城作为县衙驻地，并在土城西部建立县大堂。新中国成立前，这里是历任知县处理政务、居住生活之地。

县衙的大堂称牧爱堂，后有轩，轩后有厅，厅后为内宅。堂左右围墙外都是公署，左边是县丞署，南面为捕署，右边为主簿署。堂东稍前为东册房，右为仪仗库，稍前为西册房，中阶为戒石亭，前为仪门，门左为储收柜，南为土地祠，右为迎宾馆，南为圜墙，尽南为谯楼（即启晨楼），楼外左右有旌善、申明两亭。

明弘治元年（1488），知县金洪修县

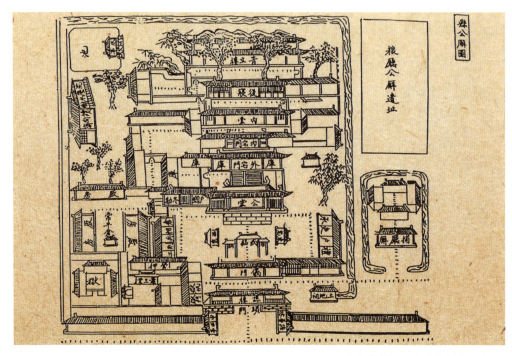

咸丰《靖江县志稿》中的县衙图

治。金洪将原来的茅屋翻建成瓦屋。县令的住宅在大堂后轩厅之正北。宅后旧有土山，竹木翳蔚，延伸出去，将左右衙门包含其中。弘治十八年（1505）、嘉靖二年（1523），知县周奇健、易干重新修葺县治。嘉靖十八年（1539），知县周继学重修县治。嘉靖二十一年（1542），知县俞献可于办公房内建西书房。万历二十七年（1599），知县屈思忠重建启晨楼。万历四十三年（1615），知县赵应旗重修赞政厅，即县二堂。崇祯十年（1637），知县陈函辉于廨内建江峰阁。

清康熙七年（1668），知县郑重修谯楼，改建仪门。康熙十九年（1680），知县胡必蕃重建大堂、川堂、二堂及内宅门。乾隆四十六年（1781），知县徐玉衡于廨内重修青立楼，即江峰阁。乾隆五十年（1785），知县郭良义毁戒石亭，易以木坊。乾隆五十二年（1787），知县郭良义重修县治，自头门、仪门至内衙、庖湢。同治十年（1871），知县叶滋森重建大堂，修内署。

辛亥革命后，民国县政府在县大堂基础上略作改造，作为办公场所。1949年1月28日，靖城解放，县大堂成为中共靖江县委、县政府驻地。

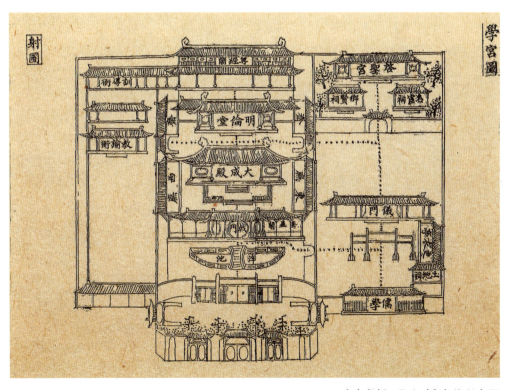

咸丰《靖江县志稿》中的学宫图

学宫（孔庙）

明成化八年（1472）秋，靖江首任知县张汝华在县治西建立学宫，占地24亩，为靖江县办教育之始，由教谕、训导管理，至清光绪三年（1877），共扩建、修理15次。学宫为靖江培养了大量人才，靖江历史上有记载的22位进士和131位举人，绝大多数都是从学宫走上科举考场，进而步入仕途的。

大成殿是学宫的主体建筑，用于祭祀孔子。明嘉靖三年（1524）改称先师庙，俗称孔庙。殿内原有孔子塑像，后改为木主牌。1950年后，学宫内建筑相继被毁。

江峰阁

位于原县政府内，明崇祯十年（1637），知县陈函辉在县衙后的土山上建江峰阁，有"楼七楹"，中间为青立楼。崇祯十三年（1640），著名史学家、诗人钱邦芑曾在此读书。清乾隆四十六年（1781），知县徐玉衡重修青立楼。光绪初年，福建闽县诗人叶大庄游靖江，有《青立楼》诗。后因年久失修，风雨侵蚀，江峰阁自然坍塌。

鲁祠

位于骥江中路，清同治十一年

靖江孔庙大成殿（摄于1964年）

（1872）建，祭祀三国东吴鲁肃。鲁肃，字子敬，三国时东吴孙权的奋武校尉、汉昌太守、横江将军，是东汉末年杰出的战略家、外交家。咸丰《靖江县志稿》卷十六《名胜》载，旧传，县署前街西隙地履之洞，洞有声，好事者锄，发现一石碑，有"鲁肃之墓"四字，文不剥落，急掩之。鲁肃墓被发现后，靖江知县贾致慎在原址建鲁祠，屋三间，坐东朝西，门口即学场，供设神位，并重新立碑，碑文为"汉东吴鲁公肃之墓"。由百姓褚应龙捐资而建。清光绪二年（1876）曾经修缮。后房屋被毁，墓碑也不知去向。

会元府 会元坊

位于靖江县衙北，与县衙相背而建。建于清乾隆十四年（1749）。乾隆十三年（1748）春，礼部会试中，靖江人郑悖高中会元，奉旨回乡建造会元府、会元坊。会元坊正门北开，门上方有乾隆御书"会元"黑漆金字匾。门前有河，河上有一石桥，称会元坊桥。桥北即后铺街，建有石牌坊一座，即会元坊。抗战时期，会元府毁于日军飞机轰炸。1962 年，会元坊被拆除。

司马第

旧址在布市里街西，坐西朝东，清乾隆年间朱懋德所建，供次子朱照居住。朱照曾任重庆府同知，明清时称府同知为司马，故时人称此宅为司马第。

司马第前后四进，第一进中间是大门厅，厅屋往里是院子，院子里植有花卉树木。穿过院子便是一排五间堂屋，堂屋前有照壁墙，照壁墙中间有"福"字砖雕，四周是云纹和蝙蝠图案。

司马第后即是城墙，地势是前低后高，房屋的高度也是前低后高，整个司马第前后两边有厢屋和廊道相连。在前面大门堂与厅屋间的厢屋为仆人所居，在厅屋与堂屋间的厢屋是主人家幼辈子孙的居所。在厅屋南面回廊处围墙上，有一垂花门，可进入乐志园。

抗日战争时期，司马第遭日军飞机轰炸，只残余部分，虽然朱氏族人曾两次大修，但未能恢复原样。今已不存。

朱氏宗祠

位于布市里北段，属资善堂朱氏。面朝东，形制为三开间两进双边厢四合院。三楹门厅，左间灶屋（祭祀时烧祭饭所用），右间为守祠人所居。祠屋前面是道木栅栏门，往里便是门厅，门厅上是白底黑字的"朱氏宗祠"匾额。进去是两扇院墙大门。门厅与院墙间距大约两米，大门后边各有厢屋两楹，再往里便是祠堂正屋三楹，中供神龛，上为祧室，供奉

"迁靖始祖安五公神主"，下供历代各世神主，左侧为祭器库，右侧为祔主室，厢屋为义廒。另有镶嵌在门厅墙体内的祠堂碑刻两块，一块是一世祖朱宝明功德及朱氏源流说。另一块记载了十七世祖朱沐为原北分支祠，废于康熙庚寅，为族贫所售，诉讼胜后不能复故物，遗命建私祠于后铺。"文化大革命"后，该碑遗失在院墙外，传被外姓卖给江阴人，从此下落不明。

据《资善堂朱氏家谱》记载："北分支祠废于康熙庚寅，为族贫所售，竹窗府君讼于官，卒不能复故物，公以是悲愤成疾，遗命建私祠于后铺。"后铺，旧地名，即布市里朱家祠堂位置。北分支祠是资善堂十八世祖朱懋德遵遗命所建，具体建造时间不详。

乐志园

位于司马第南侧，占地约四五亩，建于清乾隆年间，系朱懋德致仕归里后所建私家园林。清光绪《靖江县志》卷十六《古迹考·名胜》载："乐志园，在北关内，朱氏宗祠后，赠公朱懋德构，垒石为小山，凿池为渠，池之右构亭曰可钓，折而北有石桥曰云根，桥之左有一苇轩，颜曰一丘一壑，中建小厅三楹，曰敦本堂，春秋祀事，聚族人饮宴于此，具古木名花之胜。"

乐志园是朱懋德颐养天年之所，接待过众多达官贵人、士绅名流、富商巨贾，朱懋德与他们吟诗作对，畅谈古今。在他去世后，这里也成为朱氏后世子孙们休闲游玩、修身养性的绝佳之所。朱氏族人春秋祭祀时，常在园内敦本堂宴饮，商讨朱氏家族大小事宜。

清嘉庆时朝，朱氏族中子孙繁衍分散居住各处，对乐志园疏于管理，该园逐渐荒芜。清嘉庆十七年（1812），朱勋所修《朱氏支谱》记述：乐志园，在北门内支祠后，勉旃公建亭榭松石犹存。民国三十年（1941），朱一凤所纂《资善堂朱氏家谱》记载：乐志园亦久已荒芜，废墟上空余卷石。

20世纪60年代，乐志园踪迹全无，只留下两口水井，一口在废园南首，一口在严氏家屋后，井水清澈甘洌，是当时布市里街、胜利街200多户人家的饮用水源，直至2002年旧城改造才被毁弃。

日涉园

建于清光绪三十二年（1906），由朱若采购得布市里朱氏旧屋55间，改造成私家住宅与园林，有花卉草木之胜，由时署理靖江知县许应奎题写"日涉园"匾额。光绪三十四年（1908）春，朱若采撰有《日涉园记》。

城中小学

　　原址为学宫，是封建时代祭祀孔子、培养人才的地方。

　　清光绪三十一年（1905），邑绅刘庭爆在马洲书院旧址（今团结路 119 号）创办县立高等小学堂，为全县废科举后的第一所小学堂。民国元年（1912）改称小学校。民国六年（1917）改名县立第一高等小学堂。民国十二年（1923）改名县立第一完全小学校。民国十六年（1927）春迁至学宫，改名县立孔庙小学。民国十七年（1928）改名县立实验小学校，何健民、陈卓如先后任校长。民

原靖江县实验幼儿园

国十九年(1930)有高级班 4 个,初级班 7 个,学生 513 人,教职工 20 余人。民国二十六年(1937)冬,靖城沦陷,该校停办。抗战胜利后,改名靖中镇中心国民学校。新中国成立后改名靖江县城中小学,1954 年起,被确定为县重点小学。1962 年改名为靖江县实验小学,被列为扬州地区 13 所教改试点学校之一。1992 年获评江苏省少先队红旗大队。1993 年被江苏省教委确定为省内小学校长培训实习定点学校。至 2001 年,学校有教职工 167 人,班级 49 个,学生 3252 人,设附属靖江示范幼儿园 1 所。2003 年被确定为江苏省靖江市实验小学。2004 年 8 月,实验小学南迁至中洲路,和原外国语学校(2003 年创办)合并组建靖江外国语学校。

新泰丰

　　新泰丰是靖江著名的老字号,位于骥江路与胜利街交会处,创始人王焕乎,清光绪二十七年(1901)出生于贫苦农民家庭。民国七年(1918)筹集 500 银圆前往江阴,与其舅父陈仁和合股开办万泰丰茶食店。此后,其三弟也去帮做糖果,茶食店生意兴隆。后因股东之间产生矛盾,三弟带价值 130 元的货物回靖江开办新泰丰茶食糖果店,二弟、四弟、五弟、六弟也先后加盟。可时隔不

20 世纪 40 年代的新泰丰购物券

久,兄弟间产生摩擦,加之经营不善,生意入不敷出,面临困境。此时王焕乎的母亲去江阴,叫王焕乎回靖收拾残局。于是王焕乎与舅父分股,带了一批货物和银圆,重新整顿即将倒闭的新泰丰。由于他精于管理,善于经营,注重信誉,薄利多销,使新泰丰起死回生,扭亏为盈。

　　民国二十六年(1937)12 月 8 日,日军入侵,靖城沦陷,王焕乎无奈只好关门歇业,仅带十几担白糖去乡间避难。局势稍好后又回到靖城,靠十几担白糖重新起家,由单纯做糖果、月饼到做各种糕点茶食、南北货,经营规模不断扩大,生意越做越红火,至靖城解放前,新泰丰已拥有近万元资金,成为同行业中的佼佼者。20 世纪 90 年代,新泰丰南北货店逐渐演变成新泰丰商厦。2005 年,友谊超市和新泰丰商厦将资源进行整

新泰丰商店（蒋宇　作）

合，成立新泰丰超市，继续传承百年老店的店号。2006年，新泰丰超市拥有连锁店90余家，其中农家店40余家。经营总面积30000多平方米，经营品种3万余种，年销售过亿元。随着时代的发展，新泰丰已不复存在，但城区居民对百年老店新泰丰仍记忆犹新。

靖江第二招待所

简称二招，位于解放南路32号，旧址即今怡馨苑。原为朱氏豪宅，叫钉前门。1954年后为靖江县委党训班所在地，后改为招待所。主要职能是承办机关培训以及县一级的会议。规模不大，设施简陋。二招住宿条件一般，却以美食闻名遐迩，尤以"二招红烧肉"最为出名，其以五花肉为原料，色泽红亮，肥瘦搭配，油而不腻，口感极佳，深得食客们的喜爱。2008年后因旧城改造被拆除。

国营靖江印刷厂

位于骥江路与布市里街交界处。前身是1950年5月建成的公营靖江新华印刷社，初在县政府内隶属县政府秘书室，对内称铅印室。1951年底，县政府将铅印室迁至县政府大门外东监狱，挂牌公营靖江新华印刷社。1952年划归县供销社，更名为"靖江县合作社联合社印刷厂"。1953年5月迁至中兴街272号。1955年6月改为地方国营靖江印刷厂。

1997 年，印刷厂固定资产 1200 万元，下辖 2 个分厂和 1 个贸易公司，有职工 500 余人，拥有较先进的 08 胶印机、03 胶印机、海德堡胶印机、BB 双面胶印机等设备，具有凹版、凸版、平版的电脑照排、设计制版、包装印刷能力，年机印能力近 5000 吨。是当时靖江生产规模最大、印刷自动化程度较高的综合性印刷企业。2000 年后改制。2005 年，随着 08 号地块拆迁而不复存在。

靖江皮革制品厂

位于迎宾西路 140 号。前身是竹器雨伞社，雇佣木匠、篾匠、漆匠等 20 多人。20 世纪 70 年代，建立靖江制革厂。1979 年，皮革制品厂从制革厂分出，专门生产出口票夹、内销眼镜盒、皮鞋、皮装和皮箱等产品。票夹出口到欧美等地。1985 年，该厂生产的大发牌猪皮票夹获省优产品称号。1988 年实现产值 760 万元，有职工 400 多人。2000 年后改制，因拆迁而不复存在。

满江红饭店

位于西城河旁。1949 年前，龚长林、龚长贵两兄弟在此经营四海春饭店，主营汤圆、阳春面、小炒等，其中，特色小吃湖北小馄饨，以肉为馅，手工制作，味道鲜美，皮薄如纸，广受好评。1956 年，四海春公私合营后更名胜利饭店，隶属靖江县饮服公司。底层是饭店，楼上是旅馆。"文化大革命"时期，改称满江红饭店。改革开放后，饭店一度歇业，一楼改成服装商场，二楼改做歌舞厅。2000 年后，满江红饭店因旧城改造被拆除。

胜利大戏院

位于布市里中南部，1951 年创办。由租房改建而成。20 世纪 50 年代初期，该院为城区最大的戏院，有标准的舞台。舞台下面是长条形的木凳，能容纳观众百十号人。舞台照明用的是汽油灯。当时没有话筒，唱戏靠的是唱功，演出的剧目大多为古装戏。小孩放学时，往往可以赶上"放通戏"，就是剧团为了吸引新观众，在节目要结束时不收门票，戏院整个开放，让人随便看。胜利大戏院演过京剧、滩簧、锡剧。1953 年，戏院搬至县前街，原址改建成电厂。

新华书店

新华书店原位于骥江路 276 号，布市里南端。原名新华书店苏北支店靖江分店，坐南朝北，共四排房子。第一排，临骥江路二层小木楼，楼下两间半是营业用房，楼上中间做会议室，两边做职工宿舍。第二排共四间,是办公、宿舍用房。第三排为宿舍、仓库用房。第四排是仓库和宿舍。2010年,原新华书店因旧城改造被拆除,搬迁至骥江中路南侧靖江书城大楼。

画廊

画廊位于原县政府东外墙,临人民路。南北长约50米,由数十个玻璃橱窗组成,主要展示国内外政治、经济、文化动态,由靖江县(市)文化馆负责定期更新,是当时普通群众了解时事的重要窗口。画廊有许多固定栏目,如每天更换的各大报纸,定期更新的各大杂志,"两会"时的会议报道、选举结果等,节庆时则张贴书画、摄影作品以及文艺演出的照片。

画廊

图书馆

位于骥江中路，创建于 1954 年，南北排列，南墙靠骥江路，营业用房北面建了六间二层楼房，楼下东边一间为办公室，中间三间是仓库，其余为宿舍。1965 年底，职工宿舍搬迁到解放北路。1970 年，布市里仓库建成启用，面积 400 平方米，其中宿舍 200 平方米。1985 年 1 月，靖江县图书馆迁至解放南路，新馆建筑面积 1600 平方米，藏书 8.3 万册，设借书室、综合阅览室、儿童阅览室、采编室、资料查阅室。读者座位 180 余个，发放借书证 4800 余张。建立图书管理机制，开展各种读书和社会辅导活动，图书馆工作逐渐步入良性发展轨道。1986 年，靖江县图书馆被评为扬州市文明图书馆。2000 年，由于人民路扩建，市图书馆临时搬迁至市政府第二招待所内。2002 年，市图书馆搬迁至人民路与工农路交界处的原靖江电大校址。2005 年 6 月，市图书馆再次搬迁至四眼井旁边的原文化大厦内(即现址)。

灯笼店

民国初年，布市里有灯笼店数家，以家族式为主，前店后坊，自产自销，生意尚可。灯笼用竹篾制作成圆柱形或椭圆形，上下留空隙透气，里面放油灯或蜡烛，竹篾外面裹糊上几层棉纸，插一根用竹篾制作的可提的手柄，一只灯笼即告完成。灯笼纯手工制作，式样众多，五花八门。有象征历史人物的，有象征吉祥动物的，也有一些活灵活现的龙灯，还有一种比较现代的大红灯笼，象征喜庆、吉祥，寄托人们对美好生活的向往。尤以一年一度的元宵节最为繁华，城乡居民不顾路途遥远赶来靖城，观灯会，赏花灯。布市里街更是门庭若市，人山人海。

老虎灶

布市里老虎灶，在西小桥灯笼店对面，为范福顺所开，为城镇居民专门供应热水，还附带卖茶水。老虎灶一般有自来水出水龙头，装水的是一个大水箱，整个看起来像一个锅炉。那时的开水一分钱一瓶，为了方便附近居民制作一分钱的筹码，凭筹码打开水，连县政府里的人都到那里去打水，老虎灶最早的燃料是砻糠，后来改烧柴火，20 世纪 60 年代后改为燃煤。

布市里商场

20 世纪 90 年代初，布市里将布市里街南端专门划出一块地方新建市场，将原先散落在街头巷尾的个体经营点

老虎灶

灯笼店（蒋宇　作）

进行整合，帮助他们更好地抱团发展。布市里市场原以服装业为定位，但历经一个时期的调整，经营户的不断增多，又发展成靖江城区规模最大、品种最为齐全的小商品市场。

1999年，为了方便居民出行，迁至西河沿小商品市场。

原靖城布市里商场

风土风物

岁时习俗

春节 正月初一为传统的新春佳节。晨起，燃放鞭炮，点烛焚香，男女老幼穿戴一新，邻里乡亲互祝新年快乐。是日，妇女不上灶烧早饭。早餐吃"团圆"，午餐吃馄饨、团或除夕剩余之饭菜，寓意为"年年有余"。儿童终日嬉戏。整日间，"送财神""调苍龙"者走街串巷，也有舞龙灯、舞狮子等民间文艺活动。将晚，各家呼孩童早睡，不点灯火，谓不干扰"鼠婚"。当晚各户将地扫净，初二不扫地，谓"地生日"。从初二开始，到亲戚家中拜年，主人用炖好的红枣汤招待客人。小孩会有红包、大礼包。旧时，从正月初一到元宵节，街上有各种民间文艺表演，热闹非凡，如舞龙灯、踩高跷、唱麒麟等。如今，拜年方式有电话拜年、短信拜年、微信拜年、视频拜年等。

元宵节 农历正月十五。旧时文庙前的学场是邑人欢聚之处，商摊林立，游人如织。是日，"人人揣鸽鸟，每至日午，庙前已成鸽市"。夜间，城隍庙燃灯，数以千计。其中最贵的是纱灯，以绢制，上皆名人所绘书画，其他还有玻璃灯、大珠灯。20 世纪 80 年代后，有图书馆等单位会在这天自制灯谜，射中者会有小礼品相赠。现市民多到骥江路步行街、德诚·城市广场、人民公园观花灯，闹元宵。

清明节 旧时清明，节前半个月，布市里居民有选日子过节的习俗，利用清明节进行家族聚会，吃馄饨，戴野菜花，祭祖上坟。新中国成立后，机关、学校、工厂等单位组织人员至烈士陵园举行悼念活动。

端午节 农历五月初五，门上插蒲叶和艾草，防蛇虫百脚、蚊蝇叮咬，小孩将毛老虎挂在身上，可以辟邪。早上吃粽子，中午吃五红（手抓虾、红烧肉、红烧豆腐、炒苋菜、炒西红柿等）。

七夕 七月初七晚，民间传说喜鹊在银河上搭桥，让牛郎、织女鹊桥相会，姑娘用红绿丝线于月下穿耳，谓"乞巧"之针。20 世纪 90 年代后，作为中国情人节，恋人或互赠礼品，或真诚表白，或领取结婚证。骥江路步行街叫卖玫瑰花的举目可见。

七月半节 七月十五，又称中元

节，家家户户都会准备丰富的祭品，以茄饼为主，烧香焚纸，以此祭拜逝去的祖先。旧时，传说当天城隍必出巡，邑人称为清会。如今，老一辈的市民依然过节，年轻人则把这些活动时间安排在周末。

中秋节　八月十五为中秋节。节前，一般已婚或者已明确恋爱关系的男女，男方会到女方家中送节礼。入夜后，台案上摆放着藕(生)、菱角(熟)、石榴、苹果、月饼等，焚香向天空祷祝，谓之敬月。更有好游者，携酒与琴，偕友人二三，至郊外清静处，酌酒赏月，通宵不眠。

重阳节　九月九日为重阳节。旧时，每逢重阳，家家吃重阳糕，馅有豆沙、芝麻等，并焚香向天空祷拜。文人雅士则去魁星阁登高祭拜，祈求魁星赐予良好文运。重九前一天，布市里的糕店必制红绿三角小旗送给乡下来买糕的农民，谓插在菜田，可以驱菜虫。20世纪80年代后，机关、学校、企事业单位借此请离退休老同志吃重阳饭、品重阳糕，以示对老年人的尊敬和慰问。布市里居委会每年均举办"迎重阳，送温暖"活动，定做千余份重阳糕慰问社区老人。

冬至　是日，家家吃团与馄饨，旧时要求团与馄饨"一夜成之"，并焚香祭祖，谚云"冬至大似年，故有拜冬者"。

腊八节　是日，家家吃腊八粥，指以山芋、芋头、黄豆、蚕豆、花生米、白果、南瓜、黑豆、绿豆、胡萝卜等，加大米和青菜熬制的咸粥，芳香四溢。

中秋月饼敬老人

送灶神 腊月廿四送灶神也称过小年,一般用汤圆、麦芽糖等甜食祭拜。旧时布市里在送灶神时还要将"稻草与豆等物,混成一块,投诸屋顶,谓为灶君骑马之食料"。要吃小豆饭,不能加汤,寓意红红火火,兴旺发达。

除夕(年三十) 传统中,除夕当日早上,布市里每家必食毛芋头,因为芋头有皮,称之为剥毛头郎(当时靖江社会治安不好,贼比较多,靖江称贼为毛头郎),这个习俗意味着把毛头郎吃下去,贼再也不会光顾。中午祭祖,傍晚贴春联、贴"福"字。晚上,全家人团团圆圆在一起吃年夜饭。然后,儿童穿新衣上街燃放烟花爆竹。夜色渐深,大人在小孩枕头下面放好装了压岁钱的红包。1983年后,又增加新的年俗:看春晚。全家人围坐在电视机旁看春节联欢晚会,在"春晚"新年钟声敲响后鸣放爆竹,以示欢庆。大年夜,爆竹声此起彼伏,不绝于耳。此俗延续至今未变。

生活习俗

服饰 清末民初,布市里居民一般穿用棉布、线布和自纺自织的土布制成的衣服,官绅富户穿绫罗绸缎。男子春秋两季穿对面襟中装,夏穿短衫,冬穿棉袍。妇女穿大襟衫,富户妇女兴穿旗袍。鞋为布鞋、草鞋,冬天穿茅蒲鞋(用芦苇制作)御寒。下雨天出行一般穿钉鞋(鞋底钉有防滑用的铁钉)。妇女裹脚只能穿尖头小鞋。婴儿戴狗儿帽,穿猫头鞋,意为当狗猫喂养,图生长顺利。辛亥革命后,布市里居民兴穿中山装、学生装。抗日战争时期兴"洋"布。靖城解放后,居民穿灰蓝中山装、列宁装,戴解放帽,妇女裹脚废止。随着纺织业的发展,衣着不断更新,制衣开始用花布、卡其、灯芯绒,后来用化纤布、的确良。"文化大革命"时期,男女青年热爱解放军,爱穿绿军装。改革开放后,域内城镇青年服装品种多样,款式新颖,有西装、羊毛衫、夹克衫、连衣裙、牛仔服及裘布服装等。进入21世纪后,随着人民生活水平的提高,品牌服饰开始进入百姓家庭,成为一种新的时尚。

饮食 域内居民饮食以大米为主,面食杂粮为辅。早餐多食粞子粥、大饼、油条、包子、蒸饭等。中餐吃干饭,配以荤素菜肴。荤菜有鱼、肉、虾、禽、蛋等,素菜有青菜、萝卜、豇豆、茄子、西红柿、芋头、竹笋、莴苣、苋菜、黄瓜、冬瓜、四季豆等。晚餐吃面条或稀饭。粞子粥为社区居民最爱,每天不缺,成为域内名特食品。此外,三鲜馄饨、五香螺蛳、丝瓜蚬子锅贴汤,为域内名特小吃。

出行 明清至民国初年,官宦人家和富商大户都是乘轿出行的。一般平民百姓均步行,远途的也乘木质独轮车、

金丝牡丹虾球（季市小吃精亚店供图）

季市头道菜（季市小吃精亚店供图）

红胡椒粒焗小黄鱼(季市小吃精亚店供图)

鳝段烧猪尾(季市小吃精亚店供图)

三轮车。20世纪20年代末,靖江始有私营汽车公司,主要往来于靖城至八圩段。20世纪60年代前,解放南路(20世纪80年代前称后铺街)的一侧,与布市里弄的一侧是互相连接的小河,其中布市里弄东侧到后铺街南北方向段,架有包括西小桥在内的3座小桥。向南连接南市河,向西连接西水关,而西水关之外便是澜江码头。澜江连接八圩港,直通长江。澜江码头往西同时贯通渔婆港、庙树港等。从山海镇拐过弯来成东西向,在郑氏会元府的北端架有会元坊桥,连接北岸的后铺街、郑家场及沈家、朱家、臧家、吴家等民宅,所以也有水路出行。

20世纪60年代,居民出行较过去更为便捷,自行车开始走入经济宽裕家庭,长途出行有了长途班车。20世纪80年代后,代步的几乎都是自行车、摩托车。2000年后,居民出行更加便捷,家中有电动车、摩托车、小轿车,路上有公交车、出租车。2010年后,小蓝单车、哈罗助力车、滴滴快车、顺风车等新的出行方式进入居民生活,小轿车普及寻常百姓家庭。

居住 旧时,布市里居民住房多为瓦房,部分居民住笆壁草房。瓦房有"冷摊""实盖"之分。"冷摊"瓦房以树木为框架,外墙砌砖块,内墙砌土坯,以毛竹为椽,椽上铺芦席,屋面摊瓦片。"实盖"瓦房的墙壁全用砖砌,椽子皆为杉木,上铺旺板砖再盖小瓦。房屋朝南略偏东,以示"紫气东来"。靖城解放后,居住条件逐步改善。20世纪70年代,草房基本绝迹,"冷摊"瓦房多被"实盖"瓦房取代。且追求房屋外观之美,在屋脊上雕龙塑凤,安"孵鸡头",绘有"喜鹊登梅""二龙戏珠""丹凤朝阳"等吉祥图案。20世纪80年代后,始建楼房,一般2—3层,砖混结构。房型从简单的"直进直出",逐渐演变为套间型。房屋装修亦与时俱进:窗户从木窗演变为钢窗、铝合金窗、塑钢窗;地面从水泥地面演变为磨石子地面、地砖、大理石砖、拼木地板;外墙从石灰、砂浆粉刷演变为喷涂、拉毛或贴瓷砖、马赛克、墙面砖。2000年后,房屋质量越来越高,多为钢筋混凝土结构。部分居民开始建别墅,多为西洋风格,有草坪、花圃等。

家具 旧时,社区居民一般用硬杂木家具。堂屋有八仙桌、茶几、靠背椅、骨牌凳、长条凳等。卧室有木橱、木箱、木柜、木椅、四仙台等。改革开放后,家具式样逐渐更新。客厅有装饰橱、多宝格、电视柜、酒柜、鞋柜、组合沙发等。卧室有三门橱、五屉橱、床头柜、八玲台。2000年后,房屋装修呈多样化、个性化趋势,家具也随之具有不同风格,或古典,或现代。

寝具 旧时,社区居民多以竹榻为

床,也有用四脚无架木床的。富户用雕花圈门床或"踏步床",踏上踏板如同进入小屋。床上有搁板、帐顶板,床边有茶几,床体雕刻花卉鸟兽或镶嵌玉石。20世纪80年代兴西式床,与三门橱、五屉橱、床头柜配套。20世纪90年代后,西式床逐步淘汰,"片子床"成为主流。

炊具 旧时居民做饭多用土灶,有两眼或三眼,最多五眼。灶眼上安铁锅,尺寸大小不一。两灶眼间安一汤罐炖热水,灶前壁有烘烤湿鞋的鞋炕。考究的灶体绘有彩色图案,常见稻穗和鲤鱼,意为"五谷丰登""年年有余"。烟囱下方有神龛,供奉灶神。20世纪70年代,社区居民多使用煤球炉。20世纪80年代多使用液化气灶。2000年后普遍使用管道天然气,电饭锅、微波炉、电炒锅等成为社区居民厨房的寻常用品。

方言俗语

布市里方言位于吴语与江淮语的交界处,为靖城地区具有代表性的方言。所谓靖城方言,即指以布市里语言为代表的"老岸话"。

B

摆歪	以某种方式炫耀自己的富有或成功
搬搔	搬弄是非
报缘	骂不肖子孙

背水纤	不能胜任,勉强应付

C

才间	刚才
超嗓	大声争吵
超三蹦四	不平服
车反水	故意唱反调
吃而不胖	东跑西逛,不做事情
痴面筋	缠住不放的人
冲天掼地	心情不好,乱摔东西
促壁脚	背后讲别人的坏话

D

搭架子	对人不理不睬
打失惊	故作惊讶
得煞鸡	急于达到目的
底高	什么
笃老飘	闲聊
对脚板	配合得好的两人
对铆窍	正符合要求

E

耳刮子	腮帮
二五投堂	兴味很投合

F

发禄	茁壮
发虚	夸大其词
翻腔	不顺和;不守本分
烦神	劳神;找麻烦
犯怪	情况不正常

G

干昝	现在
干筋瘪枣	干瘪或干瘦的样子

干毛悉索	缺少水分或油脂	勒得	做事不利索,不灵活
杠赖	小孩子哭闹	勒头爆眼	形态凶狠
告七廿三	胡搅蛮缠	离经脱襻	远离要求或规定
关门过节	解决问题的关键、奥秘	哩咕拉牵	做事没头绪
关目三	表示暗示的手势、表情	立等火发	立即,紧急
鬼胎生	不大方,怕见人	乱白落	遇事慌乱没条理
锅塌	用面粉糊摊制的一种大薄饼		

M

卖怪	撒娇
毛性火发	心情烦躁,耐不住性子
没嘴没面	形容不多说话
眯吗	做事马虎,拖拉
面目	表情动作令人生厌
摸鬼	形容做事很慢

H

豪兴	乘兴
猴急	又称"猴躁":急躁
后得脑	后脑勺
后生家	年轻的男子
话多滴答	多嘴;把好事说坏
黄脚黄嘴	代指能干的人
回嘴答舌	顶嘴
活嚼	瞎说

N

拿乔	故意不帮忙,拿架子
嫩生	腼腆,怕难为情
能刮刮	能干的样子
弄空头	耍弄人,让人白忙;做无聊的事情

J

假马十鬼	假装会做某事
尖底坛子	做事不稳的人
肩塔子	阶梯
剪念	怎样
犟头	脾气倔强
绞癞子	挤嘴:推卸责任

P

爬命	不顾身体不要命地做事
怕俗气	嫌俗套,不好意思;怕难为情

Q

欺捏	不公平
起腔	找借口,改主意
扦脚后跟	揭他人痛处
俏括	打扮的娇艳、时髦
轻骨头	轻佻
穷急吼吼	形容急于要干某事

K

看冷铺	袖手旁观
瞌处蒙松	睡意浓

L

赖皮子	耍赖,不认账
老小	小男孩

R

惹厌	小孩子顽皮，总是做不当的事
肉麻	舍不得，同情

S

三脚毛	略有一些技能
三五成淘	好几个人在一起
丧帮十欠	凶蛮，不讲理
杀虎劲	猛劲
上括	即"反唇相讥"
神呀乌之	糊里糊涂，不知好歹
十翻十调	一会儿这么说，一会儿那么说
识翘	识时务
刷撇	办事干脆、利落
甩手脱脚	没有牵挂

T

调三花脸	戏称调停，斡旋
贴平贴笃	非常平服
听壁脚	偷听私人谈话
头翘尾翘	得意、傲慢的样子
氽	得意
驮亏空	负债

W

晚茶	傍晚吃的茶食
汪塘	低洼小塘
旺东道	打赌
稳笃金刚	有把握
污遭	肮脏；侮辱
摀苏	又脏又潮湿

X

息海	无可奈何，完蛋了
细毛	仔细，认真；细心
下三代	低档次的人
先翻	灵活，精明，刁（中性义）
小刁麻子	喜欢打小算盘
小鬼八腔	不大方，小气
歇搁	拉倒；罢休

Y

牙影	虚幻的踪影；起码的规矩
眼孔	办事能力和文化水平
眼水	眼力
野毛头话	称表面凶狠而实际上做不到的话
夜漆忙慌	黑夜里行走，让人心里慌张
当当	安排得有条有理
依凑	迁就
噫嘶	吵闹；喧哗
异怪	令人厌恶作呕

Z

张头设眼	头伸过来看看
着不得	嫉妒，羡慕
直脚膀	懒惰，不会做事
作势	浪费、糟蹋
作人来疯	孩童在来客面前吵闹
做碍	小孩吵架
做关目	用手势或眼神暗示

第五篇　精神文明

　　20世纪80年代改革开放后，布市里以提高全民素质为重点，加强精神文明建设，开展"五讲四美三热爱""文明礼貌月"活动。进入21世纪，社区居委会加大创建文明社区力度，开展文明创建系列活动，不断提升社区居民的文明素质。

　　在文明创建的同时，见义勇为、助人为乐、敬业奉献、孝老爱亲、公益慈善等蔚然成风，涌现出一批具有时代特色的先进典型，谱写着社区居民感人至深的现代文明诗篇。

文明教育

社会主义教育活动

1991年3月,布市里社区居委会在全社区范围内开展社会主义教育活动,主要包括党在农村的方针政策教育、社会主义民主法制教育和爱国主义、集体主义思想教育。社区领导和社教队员一起深入居民家中,与群众从"房上砖、身上穿、家中物、盘中餐"等看得见、摸得着的事情谈起,引导群众认识社会主义制度的优越性。社区举行演讲会、报告会16场,为群众做好事45件,处理长期积存问题132件。1992年春节前后,社区居委为配合社会主义教育活动,创作编排了20多个文娱节目,30多名业余演员演出11场,吸引了城区数千名观众。至2017年,社教活动圆满结束。

党建文化月文艺演出

理想信念与社会公德教育

从 1997 年 8 月起，根据中共靖江市委统一部署，布市里开展"讲文明、树新风"活动。活动分两个阶段进行。第一阶段从 1997 年 8 月至 10 月，从治理脏、乱、差入手，着力解决环境卫生和交通秩序问题。居委会按照责任分工整治卫生死角，社区志愿者开展义务劳动，结合创建文明城市治脏治乱。第二阶段从是年 10 月到 1998 年 2 月，在社区居民中开展社会公德教育，制定《居民公约》和《村规民约》，强化居民文明意识，提升社区文明程度。2001 年 12 月，社区开展基本道德规范和社会公德、家庭美德、职业道德教育，倡导"爱国守法、明礼诚信、团结友善、勤俭自强、敬业奉献"活动，发动社区居民开展讨论。

社会主义荣辱观教育

2006 年，为深入学习贯彻社会主义荣辱观，社区开展"以热爱祖国为荣，以危害祖国为耻；以服务人民为荣，以背离人民为耻；以崇尚科学为荣，以愚昧无知为耻；以辛勤劳动为荣，以好逸恶劳为耻；以团结互助为荣，以损人利己为耻；以诚实守信为荣，以见利忘义为耻；以遵纪守法为荣，以违法乱纪为耻；以艰苦奋斗为荣，以骄奢淫逸为耻"的社会主义荣辱观学习实践活动，以提高社区党员干部的思想道德素质，树立社

街头宣传栏

会主义的荣誉观、世界观、价值观。活动中，布市里居委会采取座谈会、知识竞赛、典型事迹演讲以及倡议书、标语、黑板报、宣传栏等多种形式，加强社会主义荣辱观的学习与宣传，引导广大党员群众明确是与非、美与丑、善与恶的界限，促进纯朴民风、文明新风、和谐家风的形成。翌年，社会主义荣辱观教育被纳入社区各基层单位精神文明创建测评体系。

未成年人思想道德教育

1993年，社区成立关心下一代工作委员会。2015年8月12日，社区开展以"学法崇德，共建文明"为主题的网上夏令营活动。活动以网上知识竞答为主，内容以《宪法》《未成年人保护法》《预防未成年人犯罪法》《道路交通安全法》等法律法规和纪念世界反法西斯战争暨中国人民抗日战争胜利70周年以及创建全国文明城市、国家园林城市等相关内容为主的100条知识问答，通过知识竞答，在全社区广大中小学生中营造学法用法、共建文明的浓烈氛围，引导他们做守法崇德好少年。8月21日，靖城街道团工委、布市里、布市里家园微公益国学堂共同举办"少儿国学经典走进布市里社区"活动。

社区一角

宣传画廊

布市里社区从 2016 年起,对辖区的老旧画廊和宣传板块进行美化提升,将其改造为社区文化墙,至 2017 年,建成财政局宿舍北围墙的文化长廊、怡馨苑的志愿者文化长廊和布市里社区办公点的靖江市"文明 16 条"宣传栏。

社区居民观看宣传展板

道德讲堂

2014 年，靖城街道开展以"崇德尚善，做文明美德标兵"为专题的首期道德讲堂活动。社区开办道德讲堂分堂，每季度确定一个主题，开展一次道德讲堂活动。2017 年 11 月 8 日，社区开展了以"孝老爱亲"为主题的道德讲堂活动，以"身边人讲述身边事、身边事感染身边人"的形式，让社区居民重温孝道文化，感悟和睦邻里的魅力。此次道德讲堂活动有 7 个环节，即"唱一首歌曲、看一部短片、吟一段经典、讲一个故事、谈一番感悟、做一番点评、送一份吉祥"。至 2017 年底，布市里共举办道德讲堂活动 8 场次，设立美德善行榜 8 次，上榜 8 人，在社区不断凝聚崇德尚善的正能量。

道德讲堂

文明建设

文明单位

改革开放以来，社区以提高全民素质为重点，抓实精神文明建设工作。20世纪80年代初，根据靖江县委、县政府统一部署，社区居委在社区广泛开展"五讲四美三热爱"和"文明礼貌月"活动。2009年，社区获评"泰州市文明社区标兵"。2017年，在各个发展时期结合社情实际，组织实施丰富多彩的精神文明创建活动。

文明家庭

1997年，布市里围绕绿化美化生活环境、活跃家庭文化生活、普及科学法律知识、破除封建迷信和落后习俗、和睦家庭邻里关系等5个方面，开展创建"五好文明家庭"活动。布市里社区共有1119户家庭，全部参评"五好文明家庭"，参加率达100%。近年来，每年平均有1097户家庭被评为"五好文明家庭"，占总户数的98%。徐适、岳雷家庭被评为"五好家庭标兵"，其中徐适家庭被省、市、街道三级部门评为"五好家庭标兵"。

文明表彰

2016年，徐适、吴鹤昆、宋月华、宋石培、周小芬、岳雷、曹启达、黄镇坤、盛锦芳、谢元生家庭获评"社区共产党员示范户"；朱韵池、刘金凤、范琳敏、袁秀英、翟喜霞获评"最美社区大妈"；何丰、沈爱民、钱建东获评"社区美德善行人物"。

2017年，徐适、吴鹤昆、宋月华、宋石培、周小芬、岳雷、曹启达、王裕忠、盛锦芳、谢元生家庭获评"社区共产党员示范户"；陈明、宋月华、刘素清、郑继龙、张美秋获评"最美社区大妈"；戴分明、黄小建、童荣林获评"社区美德善行人物"。

2016 年 11 月 1 日五老志愿者表彰大会

2016 年 12 月 18 日社区表彰大会

2017 年"五好文明家庭"统计表

表 5-1

组　别	组户数	表彰数
解放北路	115	113
解放南路	96	94
图书馆楼	24	23
防疫站宿舍	42	41
怡馨苑	145	142
解放路机关宿舍	146	143
府后弄	8	8
布市里 40 弄	18	18
布市里 44 弄	12	12
公安局宿舍	16	16
财政局宿舍	28	27
米兰公寓	56	54
新建路保留建筑	50	49
精亚·新天地	262	259
布市里 51 弄	36	35
德诚·城市广场	65	63
	1119	1097

凡人善举

以社区为家的好书记——周小芬

周小芬,女,1963年4月15日生,玉皇殿社区人。2000年起,靖江启动旧城中心区改造。布市里社区是实施改造工程的重点区域。布市里党支部书记周小芬临危受命,带领社区一班人勇敢地挑起靖江有史以来规模最大的旧城拆迁改造重任。她以社区为家,没日没夜,每天天不亮就"出征",深夜十一二点才"收工",几年如一日,对拆迁户们做深入细致的思想工作,用实际行动赢得了拆迁户们的理解、信任和支持,创造靖江房屋拆迁最快速度。为提升社区的管理水平,她带

时任布市里社区党支部书记周小芬(右一)慰问社区老人

领一班人去苏州、上海等地学习取经,博采众长。在居民小区推行楼宇文化;在社区宣传栏开辟简报区,表扬新人新事;率先举办读书节,开展"我和社区"征文比赛,提升社区居民的文明素养。由于社区管理开拓创新,成绩卓著,2006 年,社区被全国老龄工作委员会办公室表彰为全国敬老模范社区。

特困家庭的贴心人——纪媛

纪媛,女,1973 年 12 月 13 日生,前进社区人。2017 年的除夕夜,社区居民刘桂凤的丈夫病倒了,这一突如其来的打击使刘桂凤如五雷轰顶,六神无主。

此时,社区党委书记纪媛赶到刘桂凤家,交给她 1000 元钱,说:"这是政府的补助,先拿去救急,有困难再跟我讲。"其实这 1000 元钱是纪媛自己出的。刘桂凤的丈夫去世后,纪媛将她家列为社区重点帮扶对象,为她提供针对性服务:帮她女儿解决上学期间的学杂费补贴,帮刘桂凤安排就业岗位,为刘桂凤一家解除因病致贫的后顾之忧。刘桂凤逢人便讲:"要不是纪书记帮忙,我的天真要塌下来了,真的非常感谢纪书记。为了女儿和自己的将来,我要坚强地活下去。"2018 年,泰州市开展十佳、优秀社区工作者评选活动,纪媛入选"十佳社区工作者",为靖江唯一入选者。

时任布市里社区党委书记纪媛(右一)走访社区商户

社区老人的贴心人——袁秀英

袁秀英，女，1951年11月13日生，布市里社区人。2007年10月，布市里成立社区居家养老服务站。服务中心需要管理人员，退休职工袁秀英自告奋勇，报名参加，成为服务站首批义工。她每天提前1小时去服务中心开门，不是打扫站内卫生，就是到老年食堂帮忙，或是陪老人聊天，直到天黑后才最后一个下班回家。2008年6月，她将自家健身循环机搬到社区养老服务站，供大家使用，并做好安全保护工作。她还在站内组建老年健身队，教社区老人每天做保健操、关节操，强身健体，常年坚持，风雨无阻。在布市里老年人中，只要提到袁秀英，没有一个不佩服，没有一个不为她的精神所感动，都说："她是我们社区老人的贴心人。"

社区慈善第一人——钱建东

钱建东，男，1970年12月10日生，布市里社区人。社区创业青年代表，新日电动车商行创办人，布市里社区优秀志愿者。2007年，布市里社区居家养老服务站成立，他慷慨解囊，捐出5000元，支持社区养老事业。2013年4月，四川雅安地震，钱建东带领着他的员工开展"情系雅安，新日在行动"义卖义捐活动，仅用4天时间就筹集善款5000元以及书籍、衣服等物品，并及时送往灾区。他还和社区多户贫困家庭结对帮扶。逢年过节，他总要到社区居家养老服务站登门慰问，送上节日的礼物。

悉心照料婆婆的好儿媳——赵闽岩

赵闽岩，女，1970年8月15日生，布市里社区人。2011年5月，赵闽岩的婆婆不幸患上重病。赵闽岩得知后，毫不犹豫地请假在家，日夜陪伴在婆婆身边。手术期间，赵闽岩一直奔波于家庭和医院之间，每天天不亮就起床，先为儿子烧好早饭，然后就去医院伺候婆婆。婆婆手术后需要化疗，赵闽岩不仅精心照料老人的生活起居，更在精神上给予老人莫大的安慰。在赵闽岩的悉心呵护下，婆婆的身体恢复得很快，检查的各项指标均很正常，每念及此，婆婆感激不尽，逢人便讲："若不是闽岩，我的老骨头恐怕早就不行了。"赵闽岩的孝心善举赢得社区居民的一致好评，她的家庭一直被评为"五好文明家庭"。

五好文明家庭标兵——徐适

徐适，男，1948年3月16日生，布市里社区人。2005年后，徐适在怡馨苑栽种了180多棵月季花和1000余棵菊花，使怡馨苑内几乎月月鲜花绽放，既美化社区环境，又陶冶社区居民的情操。2009年，徐适家庭被省环保厅和省妇联评为2008年度江苏省"绿色家庭"。2017年，徐适家庭被评为"江苏省五好文明家庭标兵"。

多才多艺的小义工——蓝以敦

蓝以敦，男，2001年1月生，布市里社区人。7岁时开始学习拉丁舞，曾参加各类舞蹈大赛，并多次获奖。其中，2014年11月获得了由江苏省学生体协举办的江苏省第八届学校体育舞蹈锦标赛单项探戈和华尔兹冠军。他还利用学习之余和参加舞蹈活动的间隙，经常参加公益演出和志愿者活动，多次为社区敬老院老人和空巢老人演出，受到社区各界人士的一致好评。

社区园丁徐适

家规家训

布市里居民存有众多姓氏的家谱，其中收录的家规家训，涉及子女教育、择业发展、邻里关系、个人修养、忠贞爱国等，有许多至今仍有积极意义。

郑氏宗谱

《郑氏宗谱》（书带草堂），民国三十七年（1948）铅印本，于右任先生题签，郑石（泉初）修，朱一凤纂。

郑梁庭训 俗谚有浅水长流之说，此言殊可深味。每见精神太用者无何而竭矣，恩意太浓者无何而绝矣，势气太薰灼者无何而灭矣，受用太丰美者无何而歇矣，进迁太捷疾者无何而怠矣。能于热地思冷则一世不受凄凉，能于淡处求浓则终身不落枯槁。

郑忹庭训 今与尔曹约，志不必大，惟切。人不必高，惟稳。议不必辩，惟真。功不必锐，惟恒。文章衷之旗，以典丽为贵。举动性之绪，以贞静为师。孝养不能补，念之；少壮不可恃，驻之。今日事不可付明日，悠忽坏了一生。初念是不可又，转念悔悟，争乎半世。

朱氏支谱

《朱氏支谱》（资善堂），清嘉庆十七年（1812）刻本，朱勋纂；民国三十年（1941）铅印本，朱一凤纂。

朱氏《族范》节录 威严以正己，守礼法以治家，训子弟以读书，择老成为师傅。严不至于夷伤，慈不流于姑息，父之范也。

朱懋德给朱照信 官者，民之父母。试思父母二字为何义，我居官数十年，从未妄褫一衿，妄责一民。尔才非我比，今寄一联悬之座右，时时省察：质本庸才，惟期勤能补拙；守凭戒石，恒思俭足养廉。

朱氏宗谱

《朱氏宗谱》（灵遗堂），清光绪年间刻本。

朱应鼎座右铭 损人益己之事，小

亦不为;济世利物之举,难也必勉。

朱凤台《书苦竹村家谱后》 吾家族姓称繁衍,肇自天中散在吴。今日相从浑一笑,万年铅汞木丹炉。

其是周家世泽余,不分耕读与樵渔。从今合食同歌鄂,直溯渊源到漆沮。

朱廷宁《思亲》 忽忆承欢红膝前,门庭乐事正缠绵。儿童起舞牵秀袂,子妇成行列绮筵。

午夜呼杯堪破颊,芸窗得句共磨研。而今远隔三千路,遥望家山辄惘然。

朱氏家乘

《朱氏家乘》(孝贻堂),光绪三十四年(1908)刻本。朱若采主修。

朱氏家训节录 惟俭可以立身,惟恕可以持己。俭则无求于人,恕则无忤于物。

今世之言,学者有汉学、宋学之分。汉学则训诂是也,宋学则性理是也。二家或各立门户,互相抵排。以予论之,亦视学者之读书何如耳。读书苟能心领神会,身体力行,则汉学、宋学俱不可缺。若徒事口耳笔墨于心,毫无实得,遇事毫无卓见,则谓之不学可也,何汉宋之分哉?

比上不足,比下有余,家虽贫不可执贱役人,虽愚不可忘读书。

威可使人畏,不可使人恨;恩可使人感,不可使人狎。

文有三理,谓道理、事理、文理也。德行克修者,道理足也。时务通达者,事理足也。笔墨变化者,文理足也。然有文理,必于道理、事理,潜心有得方可,若仅有文理,何足贵哉?

形质不能与天地争久,姓名则可与华岳争高。

有钱而不作福,不如其无钱矣;有子而不读书,不如其无子矣。

吃苦不是坏事,有苦吃便好,肯吃苦更好。

利己亦当利人,害人适以害己。

常静坐,常独卧。静坐所以养心,独卧所以保身。

读书须拿胜于我者比,处境须拿不如我者比。

爱衣有衣穿,爱饭有饭吃,爱书有书读,爱人有人用。

盛氏宗谱

《盛氏宗谱》光绪二十年(1894)刻本。2013年,靖江盛氏又续修宗谱,由著名散文家、文化史学者余秋雨题签,盛氏女婿、复旦大学历史系教授、中国文化书院导师钱文忠教授为之作序。

盛氏家训节录 勤与俭治生之道也。不勤则寡入,不俭则妄费,寡入妄费则财匮,财匮则苟取。愚者为无耻之事,黠者入行险之途，毁生平行止于此，丧祖宗家声于此，堕而生理绝矣。能远虑，能耐烦，能吃苦，晏眠早起则勤矣。勿使气，勿求胜，勿轻贷，量入为出则俭矣。勤本业，惜福命，保身家，胥是道也。

天下事利害常相伴，惟读书则有利而无害，不问贵贱、老幼、贫富，读一卷便有一卷之益，读一日便受一日之益，读书固能变化气质而循良善，即资性愚鲁不为士亦觉高人一等。其拾青紫，取荣名，又进一层焉。格言："欲高门第须为善，要好儿孙必读书。"

瞿氏宗谱

《瞿氏宗谱》（宝伦堂），民国三十二年（1943）刻本，瞿鉴唐续修。

《瞿氏家风》节录　自古圣贤教人亲，亲为本亲，亲之道孝悌为先。是故祖宗之于子孙，莫不望其克尽孝悌。以世其家而为子孙者，亦莫不乐道其祖宗之如何孝悌以为荣。异不宁维是圣贤，勉人节义为重。节义之行动辄关性命，人莫不乐生而恶死。大难当前而能从容殉节慷慨就义者，间世而后见不常有焉！圣贤既以其难而勉人，祖宗遂以其难而望于子孙，子孙亦以为节义也者，虽祖宗难能而仅有苟有之国之宝邦之桢也。

老宅门窗

瞿氏宗谱

资善堂朱氏支谱

靖江书带草堂郑氏宗谱

务滋堂盛氏宗谱

孝贻堂朱氏家乘

骥江孝贻堂朱氏家乘

第六篇　布市里人物

　　布市里社区一直是靖江的老城核心区，世家大族云聚于此，繁衍生息。得益于良好的家风与教育氛围，自建县以来，社区人才辈出，各领风骚，成为靖江重要的人才宝库。本章分人物传略、人物简介。立传人物 17 人，为 2017 年前逝世人物，以生年为序排列。简介人物 27 人，均为 2017 年健在且于此前取得不凡业绩者，以生年为序排列。

人物传略

朱应鼎（1579—1660），字凝和，灵遗堂朱氏第七世。原居靖城西乡，清初迁居布市里，禀质颖异，是明末清初靖城地区著名塾师，"从游者多以文行着闻"，为人端重方严，孝顺父母。妻孙氏，精敏练事。有三子，凤启、凤超、凤台。死后入祀乡贤祠。康熙十一年（1672）《靖江县志·艺文志》载，朱应鼎一生著有《当官功过格》《循吏传》《友谊录》《引年抄》，其中《引年抄》入选《四库全书总目》及《续文献通考》。朱应鼎去世后，曾任靖江教谕后升黄冈知县的徐籀为其作传。

朱凤台（1617—1704），字慎人，号骥渚，居布市里。朱应鼎第三子，自幼苦读，事父母至孝。清顺治三年（1646）举人，顺治四年（1647）联捷进士，授河北阜平知县。不久奉调浙江开化。时开化多盗，凤台亲往招抚，劝其归农。对于继续作恶者则严惩不贷。招募流民垦荒，捐俸救灾，倡修学宫，振兴教育。顺治八年（1651）担任浙江乡试同考官。因政绩突出，开化百姓为其建生祠，顺治十一年（1654），朱凤台升任兵部车驾司主事。

朱凤台致仕后不久即迁居如皋，但他一直心系乡梓，呼吁增学额、定盐课，创惜字庵，建育婴堂，又置义塾、义田、义冢，当时的知县郑重十分尊敬他，县里的大事常向他请教，并聘请他纂修康熙《靖江县志》。

朱凤台能诗擅文，著有《退思堂草》，清乾隆年间曾遭禁毁。他又精通医道，编著有《医学集要》《痘科健》等。康熙四十三年（1704），朱凤台病卒于靖江，享年87岁。葬真武庙朱氏祖坟之所。

郑　洽（1638—1698），字修龄，号文水，秀才，文章高古不群。他参加顺天乡试不中，此后滞留京师，以课徒为生，后来的江苏巡抚张楷即出其门下。原居孤山，后迁居靖城后铺。著有《北山草堂诗钞》《北山残稿》《燕中草》《壬癸草》等。

郑　梁（1659—1732），字亦韩，号石矐、寄亭，文采风流，尤以书法驰名，"六书八体无不究其原委，真行则宗晋唐"。

他一生在外以教授书法为业。流寓浙江时，得到海宁人、前礼部尚书许汝霖的推崇，并受聘教授他的孙子许焞。许汝霖常带着郑梁与当时的名公巨卿们交游。"诸名人争客之，得其片纸只字，如获异宝"。编著有《剩翁遗稿》，已佚。郑梁存世作品很多，中堂、册页、扇面皆有，部分为靖江收藏爱好者收购珍藏。

郑毓善（1684—1739），原名一鹏，字岩九，号补堂，别号二峰，郑梁的长子，清雍正十年（1732）顺天乡试举人，乾隆元年（1736）进士，改翰林院庶吉士。博学攻文，尤好引掖后进。著有《芹官新谱》《书带草堂文稿》《四书大成》《性理提纲》。

朱懋德（1698—1765），原名国玺，字调梅，号勉旃，监生。清雍正九年（1731）三月，任河北完县知县。任上修有《完县志》。雍正十一年（1733）任河南长垣县知县。廉明果决，人不敢干以私。遇事则随到随理，案无留牍。他兴修水利，疏浚南渠，尤其注意改善民生，节财爱物，人们将他与前任知县赵国麟并称为"赵父朱母"。乾隆十年（1745）三月，朱懋德调任山东长清知县。任内察民所苦，当时长清县每年需要将布、粮解往京城，有一些胥吏乘机在运费中做手脚，中饱私囊，朱懋德将所需运费经过测算后刻于石碑上，让不法胥吏无法作假。百姓的负担大为减轻。某年发生灾荒，朱懋德根据惯例开仓发粮，有同僚怕发放粮食既麻烦又容易有损耗，提议用银两代替。朱懋德考虑到灾荒之年，米价贵，他说："饥民得银不及得米之半，何惜费而不惜民？！"于是下拨赈灾米一万余石，救了数万百姓的性命。乾隆十四年（1749），以病辞官归里。朱懋德所至皆有政声，事迹载《清史列传》。

郑忏（1718—1772），字义民，号前村。郑梁之孙。清乾隆六年（1741）江南乡试副榜，乾隆九年（1744），顺天乡试举人。乾隆十三年（1748），会试高中会元，殿试列二甲第八名进士，授翰林院庶吉士，散馆后任礼部仪制司主事，后升任郎中。乾隆二十三年（1758）春，琉球国派使节到北京朝贡，郑忏受命接待，后又将琉球贡使护送至福建乘船归国。乾隆三十二年（1767），外放湖南永州任知府，兼管衡永郴桂道，曾代理衡州知府。后因事降调刑部奉天司员外郎。与桐城派散文大家姚鼐为好友。姚鼐曾有《送郑义民忏郎中守永州》等诗相赠。郑忏平生能文善书，勤于撰述，著有《桂珠百首》《乌啼小草》《听雨集》《于役偶吟》《舫斋词稿》《湘南集》《九愚堂文稿》等。

朱照（1726—1790），字鉴资，号镜江，秀才，援例授四川重庆府同知，专管船政。当时四川的船，常偷工减料，导致运输时常出事故。朱照监督采伐坚硬的木料，指派工匠造船。此后数年，船运再无倾覆淹死人的事情发生。曾被上官委派至西藏发放粮饷，后迁叙永直隶州同知。

郑锡琪（1746—1829），字仲儒，号笃泉。郑忬次子，幼聪颖，为祖父郑一鹗所钟爱，亲自教授其识文断字，清乾隆六十年（1795）顺天乡试举人。嘉庆六年（1801）进士。授翰林院庶吉士，散馆后授户部主事。后因患怔忡疾，辞官回乡养病。著有《尚书疏证辟谬》《纪事诗》《迁叟文钞》《迁叟诗钞》。去世后，泰兴人、户部郎中陈启文为其撰写墓志铭曰：啬其遇，丰其文。

朱焕文（1770—1782），字蔚起，邑廪生，居布市里，朱凤台五世孙，少嗜学，沉酣书籍，作文尚奇博典。深受外公进士杨超的器重。邑人陈桐归自京师，曾说：海内人才未有知朱君之博学也。但他体弱多病，只能长年在家养病读书。去世后数十年，他的外孙刘泰詹刊其文集《品汇集》行世。

郑　翊（1787—1825），字赞勋，号轩图。清嘉庆十五年（1810）举人，嘉庆二十五年（1820）二甲第四十五名进士。候选知县。因体弱多病，未曾授官，卒于道光五年（1825）。

朱若采（1838—？），字小湖，号蓝生。父亲朱学澜，字镜湖，清道光二十九年（1849）举人。朱若采为岁贡生，选授扬州府学训导兼教授，曾代理甘泉县、海门县学训导，又任孝廉堂、安定、梅花、广陵四书院的监院。光绪三十年（1904）告老归靖，构日涉园于布市里。靖江光复后为县财政长。

吴一笑（1880—1945），新剧与滑稽戏倡导者之一。布市里人，长期客居苏州。擅长"马褂滑稽"，绰号"老古董"。清末民初，吴一笑与张冶儿、曹开元、张啸天、秦哈哈等都是进化团滑稽演员。清宣统三年（1911）夏，吴一笑与姚序镛等在靖江组织醒世团，演讽世文明戏，宣传革命。民国六年（1917）1月22日，吴一笑与陆子青、汪摩陀、张幻影、陆怡红、胡化魂、郭咏馥（以上均为苏州人）、杨润身、王言梅、王蕙芬、温亚魂等，在苏州阊门外春仙茶园旧址发起成立职业性剧社——振市新剧社，吴一笑为该社能派全才之一。2月中旬，又从上海邀来欧阳予倩与查天影加入；4月1日，该社改名为民兴社，主持者为顾雷音。20世纪20年代，在上海陶社与钟社男子新剧团主演趣剧。民国十四年（1925）1月27日，他又与同乡宋掌轻、姚一民、朱泪依、洪似魂等在福佑路"小世界"游乐场内，正式成立上海早期滑稽剧团——笑社男子趣剧团，每天日场下午一至三时在二楼，夜场下午五至八时在四楼，专门轮换上演趣剧，直至民国十八年（1929）前后。剧目有《呆中得福》《媒妁公司》《王老虎抢亲》《大闹明伦堂》等50多个。民国十九年（1930）5月

11 日至 6 月 28 日,吴一笑应邀来苏,在北局游艺场与惠荫乐园日夜上演整本新剧。

朱 立(1891—?),字庆恒,别号患庵,又号观略,布市里人。民国时期靖江著名书法家。九岁丧母,随曾祖父朱若采去扬州读书,由朱若采亲自教诲,抚养成人。朱立好读书,经史子集,诗词歌赋,均有所涉猎。他擅长书法,尤精于隶书。民国时,靖江街头招牌多由其书写。他对金石艺术很重视,常亲自治印。

兰素珍(1918—2002),女,布市里人。著名武术家。民国二十九年(1940),兰素珍参加重庆市国术表演比赛,荣获女子组第一名。翌年,合川县国术馆在公园举行国术表演,以筹募经费购买飞机支持抗日,兰素珍曾应邀参加。1953 年,她凭借"绵拳""自然剑"的武术表演获全国优秀奖。1954 年至中南海汇报演出,受到毛泽东主席的接见。后为成都体育学院教授。她编创形成的"绵拳"根据多年的习练感悟和体会,将"抖臂"动作改为"倒打紫金关",最终形成"倒打紫金关""金鸡起落""坐盘穿踢"等技法体系。发表《从改编绵拳谈对整理武术技术的看法》等论文,著有《绵拳》一书。

人物简介

朱鼐(1914—?),字汉镒。布市人。毕业于上海大同高中数理科,后升入国立江苏医学院毕业得医学士文凭。受聘国立江苏医学院药理学助教,受国民政府教育部医学教育委员会选派,获国立上海医学院药理学师资进修员资质。新中国成立后,朱鼐任西安第四军医大学教授。

徐铭贤(1921—),胜利街人,中共党员,主任医师,教授,曾任镇江医学专科学校校长。民国三十年(1941)考入东南医学院临床医学系。民国三十五年(1946)毕业后供职于镇江市基督教会医院。新中国成立后,历任镇江专署医院内科主任,镇江市人民医院大内科主任,镇江市第二人民医院内科主任、院长,江苏省防治流行性出血热临床组医疗组长,镇江医学专科学校校长、党委委员,中华医学会镇江市分会会长等职。20世纪60年代初开始对心脏疾病进行研究,在先天性心脏病的临床诊断方面取得一定成就。

金兰(1923—),女,主任医师,教授,国际心脏研究协会会员,享受国务院特殊津贴。民国三十六年(1947)毕业于上海医学院医疗系。20世纪50年代开始从事心血管病的专业研究。1960年调北京协和医院工作,历任内科学系心血管病专业组组长、系副主任、内科教授,兼中国协和医科大学八年制历届临床内科教师、内科学导师等职,还承担住院医师、进修医师及院外有关学习班的授课任务。培养研究生、博士多名,长期担任中央领导人的医疗保健工作。多次出国访问、出席国际专业会议,进行学术交流。1988年获卫生部科研基金,对冠心病与血栓的关系进行系列研究。曾任《中华内科杂志》《中华心血管病杂志》《内科临床杂志》《临床心电学杂志》《中国循环杂志》等杂志的编委。

朱鉴曾(1925—),胜利街人,曾任上海市卢湾区人大常委会副主任。民国三十年(1941)至上海从商,曾任方适织造厂经理。抗美援朝时带头捐献,在优抚烈军属工作中被评为区优抚模范。1953年任上海市卢湾区工商联副主任,被评为全国工商界青年积极分子,受到毛泽东主席等国家领导人的亲切接见。1956年加入中国民主建国会,先后任民建上海市委委员、上海市工商联常务委员、卢湾区工商联主任委员、卢湾区政协常委兼秘书长、卢湾区副区长、卢湾区人大常委会副主任等职,并当选为上海市人大代表。1998年起任上海市卢湾区政协之友社副理事长、卢湾区工商联名誉会长。

毕安邦(1927—),高级经济师,曾任长江芜湖轮船公司运输处处长。民国三十五年(1946)考入上海国立吴淞商船专科学校。民国三十八年(1949)参加革命,任上海市军管会航运分会联络员。1951年任长江航务局轮船大副,1954年调长航局上海分局调度室任值班主任、室副主任。1958年调马鞍山港务局任运输科科长、调度室主任。1963年起先后任芜湖港务局调度室主任,长江芜湖轮船公司调度室主任、运输处处长,并兼任交通部高级技术职务(经济专业)评审委员会委员。

盛　靖(1930—),原名盛宏勋。高级会计师,曾任中国重型汽车集团公司咨询委员会副主任、财务公司高级顾问,中国汽车工业协会财务工作委员会理事长。民国三十四年(1945)参加革命,先在新四军苏中公学、苏中行政公署财训班学习,后分配至东台县华中银行、人民银行工作。1949年调入人民银行苏北分行、扬州市行任会计科科长。1953年调中国人民银行江苏省分行任会计处综合科科长。1954年由中央组织部抽调至长春第一汽车制造厂工作,历任会计科科长、会计处处长、副总会计师。1982年调中国重型汽车集团公司任总会计师、财务公司董事长。

刘耀坤(1932—),高级工程师,曾任中国石油化工总公司兰州炼油化工总厂副总工程师,享受国务院特殊津贴。1952年毕业于苏州高级工业技术学校,分配至大连石油七厂工作。1956年在北京煤炭部干部学校进修俄语,后赴苏联新古比雪夫炼油厂学习,1957年底回国。1958年调至兰州炼油厂,参加我国第一家大型现代化炼油厂的建设,历任技术员、工程师、副主任工程师、副处长、高级工程师、副总工程师等职。1959年研制成功国内首创的热裂化炉管注水新技术,使该装置的开炼周期延长一倍,汽油产出率提高2—3个百分点。在参加大庆石油会战期间,建议对葡萄花炼油厂的生产技术方案作重大修改,从而使该厂加工能力提高50%。1981年建议改进航空汽油生产工艺,获得巨大经济效益。1985年参加同轴式催化裂化工业化试验工作,获国家科技进步一等奖。1991年以来,先后参加小本体法聚丙烯成套技术开发和MGG催化裂化新工艺的工业化试验,分别获得中国石化总公司科技进步三等奖和特等奖及国家科技进步二等奖。

朱根勋(1932—),笔名烟雨,靖江市季市镇长安人,长期寓居布市里。曾任中共靖江县委宣传部部长、靖江县政协副主席。中国作家协会会员、中华诗词学会会员。著有《梦香集》《竹叶集》《情痕集》《烟雨闲情》《时空有隧道》以及《朱根勋文集》。编著有《古今靖江诗抄》《咫尺芳草录》(与人合编)。代表作《行香子·闲居二首》被编入《中华诗词鉴赏辞典》,有词作 27 首入选《20 世纪中华词苑大观》。

毕定邦(1933—),中共党员,曾任浙江省水产局局长、党组书记。1954年毕业于上海水产学院海洋捕捞专业,先后供职于中共舟山地委、浙江省海洋水产研究所、浙江省水产局。1983年起历任浙江省水产厅副厅长,东海区渔业指挥部副指挥,浙江省水产局局长、党组书记,浙江省人大常委会委员,省人大财经委员会副主任委员。并任《浙江现代科技纵观》编辑委员,主编出版《渔业中学试用教材》《渔业经济管理》《渔业经济学》《浙江当代渔业史》《浙江省水产志》等。主持过多项浙江省与联合国有关组织和外国渔业机构的合作项目。

毕靖邦(1934—),胜利街人,高级工程师,曾任广州市锅炉工业公司总工程师。1953 年毕业于上海高级机械制造学校船舶科。后入上海交通大学船舶动力系学习,毕业后供职于广州造船厂。后调入广州锅炉厂,从事技术工作。1984 年调任广州市发电设备成套工业公司副经理。1987 年调广州市锅炉工业公司工作。

孙毓飞(1934—),教授,享受国务院特殊津贴。1956 年毕业于南京大学地理系地貌专业,一直在安徽师范大学从事教学工作,多次荣获安徽省教学优秀成果奖。主持或作为主要研究人员多次参加国家级和省级重点科研课题研究,其中"中国南方亚热带山地丘陵合理利用"获中国科学院科技进步一等奖,"安徽省国土资源遥感综合研究"和"安徽牯牛降自然保护区研究"获安徽省科技进步一等奖,"1:100 万中国地貌图"获中国科学院自然学科二等奖。主编《安徽省志·自然环境志》,并参加《安徽地名大辞典》和 30 余部市志、地区志、县志、山志的编纂工作。担任《中国地貌图》《中国名胜山水地质丛书》等著作的编委会成员和安徽省土地局科学技术委员会委员。为安徽地方志学会和安徽旅游学会理事。其名字和业绩入编英国剑桥大学《世界名人录》。

瞿 坦(1934—),西小桥人,教授,博士生导师,曾任华中理工大学自动化研究所所长、全国计算机等级考试委员会委员、全国高等教育教材研究工作委员会委员、湖北省教委计算机教学指导委员会主任委员、武汉市科委技术经济咨询专家组成员等职，享受国务院特殊津贴。1956 毕业于哈尔滨工业大学自动学与远动学专业。1958 年计算机专业研究生毕业，分配至华中工学院自动控制工程系任教。曾先后发表《数据通信及网络基础》和《计算机网络原理及应用基础》2 部专著及几十篇学术论文。主持 2 项大型科研项目，获国家教委科技进步三等奖及湖北省卫生厅科技成果奖。

陈国升（1935— ），胜利街人，教授，研究生导师，曾在浙江大学工作。1957 年毕业于浙江大学机械制造专业，并留校任教。1986 年晋升副教授。1987 年借调至树人大学任校长办公室主任。1989 年被聘为教授。1990 年调回浙江大学担任研究生教学工作。编写出版《画法几何》《机械工学》《工程制图》《工程制图习题集》《画法几何习题集》等著作。1995 年后受金轮集团聘请，担任慈溪市金轮职业技术专修学院副院长。

孙尔干（1936— ），中共党员，高级工程师，曾在南京长江机械制造集团公司工作。1955 年考入南京航空学院，任学生会副主席。1960 年毕业分配至南京国营七二〇厂从事技术工作，先后任

工程师、高级工程师。撰写发表《雷达高频元件精密加工》《大型雷达双曲抛物天线制造》等论文。20 世纪 80 年代初任厂生产调度处处长。后调任南京长江电扇厂任副厂长、总工程师。先后荣获南京市现代化管理成果一等奖、计算机技术应用二等奖等。任职期间先后与靖江市十几个乡镇企业合作，帮助其提高产品档次和企业管理水平。

朱　俊（1936— ），高级工程师，曾在中国航空规划设计研究院工作。1952 年分配至扬州华东第二工业学校工业与民用建筑专业学习。1955 年毕业分配至国家重工业部四局设计处工作。1959 年考入北京业余动力学院工业与民用建筑专业继续深造。1989 年被评为高级工程师。1992 年被人事部、建设部批准为全国第二批监理工程师。几十年来致力于航空工业的发展和建设，担任过多项设计项目负责人，并有多项设计项目获部颁科技进步奖。

陈在为（1936— ），布市里后铺街人，中共党员，高级工程师，曾任沈阳市医药管理局局长。1953 年考入北京医学院药学系。1957 年毕业分配至沈阳东北第六制药厂，先后任技术员、工程师、车间副主任、研究所副所长、厂长。负责合成原料药的技术工作，并研制开发布洛芬等新产品。发表《双乙烯铜的应用》等论文、译文数篇。1983 年调沈阳市化工

局任副局长,在辽宁省"331工程"中荣立三等功。1985年任沈阳市医药管理局局长,被授予辽宁省医药系统劳动模范称号,并获沈阳市政府优秀专家建议奖。此外还担任辽宁省药学会常务理事、副理事长,沈阳市药学会副理事长,沈阳制药工业协会名誉会长,《沈阳医药》杂志编委主任等职。1994年后创办辽宁医药发展公司,任总经理。

季荣曾(1937—),胜利街人,高级工程师,曾任苏州照相机总厂副总工程师。1958年毕业于浙江大学机械系光学仪器专业,分配至云南国营二九八厂工作。曾参与或主持多种军用仪器的研制工作,长期献身于国防建设事业。1972年调至苏州照相机总厂任副总工程师、高级工程师,负责照相机产品的开发和研制。后受聘于外资企业,任总工程师和技术顾问等职。

朱明钦(1937—),女,主任医师,曾任南京市鼓楼医院消化内科主任,南京大学医学院副教授,《内镜》杂志编委。1952年考入苏北医学院附属卫校医士班。1959年毕业于哈尔滨医科大学医疗系,分配至牡丹江铁路卫校任教。1961年调苏州专区医院。1969年起先后调滨海县五汛公社、滨海县医院、南京栖霞山化肥指挥部、江苏省工人医院等单位工作。1978年调南京市鼓楼医院,历任内科住院医师、主治医师、副主任医师、主任医师。1990年被聘为南京大学医学院临床医学副教授。1979年起从事消化内科专业方面的医疗与研究。1985年起先后任消化内科副主任、主任。1988—1997年任中华医学会江苏分会第二届消化学术委员、第三届消化学会秘书。

褚瑉(1937—),曾用名姚美珍,女,胜利街人,副研究员。1958年毕业于上海交通大学机械系,分配至西安交通大学计算机教研室,从事计算机研制工作。1960年参加筹建西北计算所,参与西北地区第一台大型计算机研制。1965年调入北京中国科学院156工程处,研制小型计算机。1969年该处搬迁三线,成立航天部771所,在该所领导并从事半导体设备研制工作。曾获航天部科技成果一等奖、北京市仪表局三等奖。1982—1985年任《微电子学与计算机》杂志编辑。1985年调入镇江市科委情报所,历任设计组组长、研究室主任、学术委员会委员等职,1992年后自筹资金创办研究所。

黄峰(1938—),高级工艺美术师。1962年毕业于中央戏剧学院舞台美术系。内蒙古自治区美术家协会会员,靖江市艺术研究会名誉副会长。历任内蒙古自治区艺术学院讲师、内蒙古自治区艺术剧院和内蒙古自治区电影制片厂美术设计师、靖江市商业局美术装潢设计师。1965年被文化部评定为全国少数民族地区17个青年画家之一。多幅作品在《解放军报》《天津画报》等报刊发表，数十幅作品被省级博物馆和国内外友人收藏。

陈焕坤（1940— ），胜利街人，高级工程师，三级警监，曾任国家安全部八四一研究所研究室主任。1963年分配至江苏省公安厅任职。1984年至国家安全部八四一研究所任研究室主任。1987年主持、组织研制的G101大截面光导纤维传像束研究项目，获国家安全部科技进步一等奖，1989年，该项成果获国家科技进步二等奖。

毕兰芬（1941— ），女，布市里人，教授。1960年考入华东纺织工学院纺织品化学系染整专业学习。1965年分配至广州第三针织厂技术科工作，因努力进行技术改革和技术创新，成为该厂的技术骨干。1978年调入华南理工大学从事应用化学系和轻化工系教学和科研工作。编写有《精细化工概论》《染整工艺实验》等教材。单独或与他人合作的科研项目有"冠醚的合成""蔗糖酯的合成""催干剂的合成""水性内墙涂料的制备""表面活性剂的合成和应用""电镀助剂的合成和应用"等。

朱如曾（1941— ），胜利街人，博士生导师，曾任中国科学院力学研究所研究员，中国力学学会一般力学专业委员会常委，中国振动工程学会非线性振动专业委员会常委，《力学进展》杂志副主编，享受国务院特殊津贴。1959年考入中国科技大学化学物理系物理力学专业。大学期间曾为校庆五周年专集《向科学进军》撰写介绍学习经验的文章。1964年毕业后在北京中国科学院力学研究所工作。1999年7月起，在美国加利福尼亚大学伯克利分校化学系当访问学者。长期以来，在激光物理、物理力学、磁流体力学、力学系统非线性稳定性与分叉突变、非完整系统分析力学、微观化学反应动力学、量子化学等多个领域有深入研究并取得成果。在连续力学系统稳定性方面，首先找到位能为负的稳定运动模，从而否定了著名物理学家Chandrasekhar等人提出的模稳定性判据中条件的必要性；在激光物理方面首先提出旁轴点光束和高斯光束的矢量描写以及光束变换矩阵的新概念和新方法。获中国物理学会颁发的优秀论文一等奖和二等奖，并与其他专家一起获中国科学院自然科学二等奖。曾被《光明日报》《北京晚报》和北京人民广播电台等媒体专文介绍。

朱锦春（1943— ），胜利街人，高级经济师，曾任陕西省机械工业厅副总工程师。1967年毕业于合肥工业大学机械工程系，分配至机械部陕西压延设备厂，历任技术组组长、经济组组长、厂长办公室副主任等职。1985年调至陕西省机械工业厅调研室，负责全省机械工业综合情况调研和政策课题研究，先后撰写发表论文及研究成果20余篇。1989年起任该厅政策法规处副处长、处长，创办《政策法规研究》刊物，并编辑出版《陕西机械工业政策研究文集》。同时担任《中国机电日报》陕西记者站常务副站长。1993年任法规体改处处长。1996年兼任陕西省法学会经济法专业委员会副主任。1997年任副总工程师兼行业发展处处长，主持调整修订了全省机械工业"九五"规划，组织实施多项重大技术改造项目。

任家骥（1943— ），布市里人，教授级高级工程师，国家一级注册结构工程师、注册监理工程师，江苏省有突出贡献的中青年专家，曾任江苏省建筑设计研究院副总工程师兼中国土木工程学会空间结构委员会委员，东南大学华东预应力技术开发中心副主任、常务理事，江苏省土建学会预应力砼委员会委员，《空间结构》编委委员等职。1959年由靖江县中学考入南京工学院，毕业分配至江苏省建筑设计研究院，从事建筑结构设计与研究工作。先后承担了大、中型工程和国家重点工程项目的建筑结构设计工作。其中南京五台山体育馆获1970年代国家优秀设计一等奖。主持的重大科研课题"空间网架结构屋盖设计与试验研究"，获1978年全国科学大会奖。"大面积、大柱网双向无黏结预应力砼框架结构体系研究"全部5项成果达国际先进水平，有2项达国际领先水平，并获1995年省科技进步二等奖、建设部三等奖。在国内首创将折板用于多层建筑基础，以及"仿逆作法"施工多层地下室的研究获得成功，取得显著的经济效益和社会效益。

陆峥嵘（1944— ），靖江生祠镇人，中师文化。1963年参加中国人民解放军，在部队，长期从事理论宣传和新闻报道工作，曾荣立4次三等功，获县、团级以上奖励、表彰30余次。后转业至靖江任靖城镇人民武装部长。长期寓居布市里，生前笔耕不辍，在国内30余家报纸、杂志上发表各类文章2000余篇，近几年，有部分报告文学作品被国家、省、市有关出版社和杂志社刊用。著有反映靖江乡镇企业成长历程的长篇报告文学《拓荒者》。

朱娟娟（1951— ），女，布市里人，为孙其峰先生入室弟子。擅画山水、花鸟，兼写人物。从事美术工作40多年，默默在国画艺术天地耕耘。基本功扎实，在立足传统的基础上，逐渐体现个人风格，个人作品曾多次参加国内外展览。现为中国国画家协会理事、江苏省美术家协会会员、天津艺术教育进修学院客座教授、中国美协培训中心特聘画师、金陵书画院山水画创作室研究员、中国书画院江苏分院副院长、上海市通俗文艺研究会会员、泰州市美协理事。

张亦平（1959— ），布市里人，旅美画家。现定居美国科罗拉多州丹佛市。1982 年毕业于南京艺术学院美术系，师从刘海粟等大师。擅长壁画和油画。20 世纪 90 年代初，凭着精湛的画艺独自到国外发展，在美国创作了《金陵十二钗》《轻歌曼舞风采仪》等巨幅壁画，熔写实主义和浪漫主义于一炉，画出了原汁原味的东方风情，在当地艺术界引起轰动。他的油画风格独特，善用色彩来表现细腻复杂的内心感受和耐人寻味的深刻意境，具有强烈的艺术感染力。现为东南大学客座教授，美国科罗拉多州阿斯本、樱桃谷 2 家画廊的签约画家。

邵新宇（1968— ），东兴镇人。在布市里社区生活、成长。曾为华中科技大学党委书记、教授、博士生导师，制造装备数字化国家工程研究中心主任，国务院学科评议组成员（机械工程），教育部科学技术委员会先进制造学部常务副主任，教育部"长江学者奖励计划"特聘教授，国家杰出青年科学基金获得者，国家 863 计划先进制造技术领域专家组专家，国家自然科学基金委员会材料与工程学部专家评审组成员，制造装备数字化国家工程研究中心主任，武汉市科技局专家委员会现代制造组组长。

陈 悦（1978— ），布市里人，现居山东威海，中国海军史研究会会长、中国甲午战争博物院客座研究员、山东省历史学会甲午战争专业委员会委员，专注于中国海军史、舰船史、甲午战争史的研究与普及。著有《北洋海军舰船志》《近代国造舰船志》《清末海军舰船志》《民国海军舰船志》《碧血千秋——北洋海军甲午战史》《沉没的甲午》等，主编有《辛亥海军》《中国近代海军珍藏图片集》等。曾参与 1：1 复原建造北洋海军"定远"号铁甲舰工作，曾担任电影《一八九四·甲午大海战》顾问、电视剧《铁甲舰上的男人们》总顾问。

第七篇　风雅布市里

作为靖江老城的核心区，这里人文底蕴丰厚，虽因岁月变迁、旧城改造，原本许多建筑、景观都消失殆尽，但众多文人墨客曾在此停驻，流下许多脍炙人口的诗文。品读这些诗文，既给我们留下文学的享受，又可以让我们进一步了解那些消失的布市里风物。

诗
词

长歌题朱慎人行乐图

清 尤侗

我来澜江四十日，飞燕落花春寂寂。

主人惟有朱家贤，投车烧烛常留客。

此时鼠姑正发红，绛罗高卷阑干风。

鸼船引满不归去，花神并舞出帘栊。

梨园法曲《霓裳》序，彷佛沉香张小部。

野狐龟年皆妙颜，倾城尤爱周郎顾。

主人大笑蹋氍毹，酒酣示我招隐图。

五湖咫尺将终老，此中之人即陶朱。

两宰严城拜司马，一麾便落藩篱下。

人生行乐复何须？丝竹中年赖陶写。

我叹此翁真达人，障面且避长安尘。

贱子有冠亦早挂，画作青山乌角巾。

相逢同是支离叟，白眼看他牛马走。

安得澜江化酒缸？日对名花倾百斗，

樽前莫住捱纂手！

尤侗（1618—1704），字展成，号悔庵、西堂老人。长洲（今江苏省苏州市）人。明末清初诗人、戏曲家。朱慎人，即朱凤台，见本志《人物传略》。

赠陈念共年兄

清 朱凤台

回首京华十四年,春风马上诵名篇。

匡时勋业能扶日,信道行藏总恃天。

梦破芦花洲上月,吟残杨柳望中烟。

相逢莫问沧江晚,台阁还应等早还。

赠王葛山父母

清 朱凤台

江城何幸戴循良,三载涘承械朴芳。

饰治典型虞政绩,宜民经术汉文章。

波澄明月烽烟尽,风到春城草木香。

一席清华虚左俟,行看特简即征黄。

王永祀,字山如,号葛山。湖北彝陵人,明崇祯十二年(1639)举人。清顺治十八年(1661)至康熙二年(1663)任靖江知县。

行香子·闲居(二首)

当代 朱根勋

(一)

窄道低墙,土瓦疏窗。算不如,楼阁堂皇。但成一统,户对面方。却有些风,有些月,有些光。 爱菊芳香,随亦何妨?贵无卑,无俗无亢。天光夜月,倍守如常,竟共欢娱,共哀怨共清狂。

(二)

闹市而居,楼隐吾庐。有一方,天井宽舒。如金惜土,不让荒芜。种兰花幽,菊花雅,梅花疏。 小小规模,自得欢娱。借五更,操练身体。观星望月,赏景之余,再吟些诗,写些字,读些书。

朱根勋,见本志《人物简介》。

散文

新建县署江峰阁记

明 陈函辉

治中向未有阁，阁之自小寒山子为令始。县以江为名，然四周相去不啻数里而遥，又限之以阡陌，围之以墉圃，虽凭栏极目，江不可得而见也。所可见者，江上诸峰探髻窥人耳。古之君子，登高作赋，望远怀人，往往穷其耳之所至，用以舒啸而寄慨。每求异代陈迹，荒丘故垒，悲歌徙倚而临之。故过大梁如见侯生，登广武如揖刘项，其胸中皆有所存，出而与山川相敌，烟云相荡，非苟焉已也。苏长公凌虚台记，以为在终南之下，为不见山，故筑台焉。夫为见山而必筑台以求之，此其人决非俗吏可知也。若然则挥毫而吟，倚柱而笑，摇尘尾以酬清论，移胡床而就芳樽，于以集宾从，消燕闲，遂足以尽兹阁之用，而揽江山之胜乎？曰：殆非也。江自岷峨发源，逶迤万里，而始至于海，天险地利，造物者盖默设之以划限南北，是符氏之所不能设鞭，而佛狸之所不能飞渡者也。此地在三吴则为门户，在留畿则为喉吻，在淮扬则为股肱。往日万家之聚，孤悬巨浸中，犹垂偏霸者之涎，而来窃据者之睨。矧今西北一线，沧桑改易，假令中原有事，戎马生于郊，二三百里中，平原旷野，无深沟可限，无高垒可凭。譬如一人之身，既舒臂以当豺虎之冲，复坦胸以尝箭镞之集，危乎不危乎？往物力盛时，舶场大开，舳舻毕集，远而阇宾百济，近则闽粤胶莱，百货津通，商旅饶乐。今海道梗塞，厉蔡霜严，渫恶不禁其外输，狡狯每肆其傍瞰，兼之蹉坐失业，雚苻伏丛，三里之城，仅栖蛋聚，无组练可习，无鹳鹅可拥，危乎不危乎？且也杼柚告空，剜疮难补，征调四出，及瓜而戍远未还；刮索时闻，计亩而算缗时溢。逋亡久而未复，追呼急而不应。即将为之长吏者，经年罢给餐俸，幸舍每叹无鱼。则登斯阁也，惟有瞿然虑，黯然愁，皇皇然认以为筹笔之驿，筹边之楼，即江山清丽，终日到眼，犹不能托其秀分其翠也。况乎簿书围绕，鞭杖喘呼，或终日无一饱之时，或终夕无一枕之熟，而高甍画栋，可以收云气而延昕日夕月之余晖，其于令也不几于挥鞭过客之视逆旅乎？然则是得已之役也，何不已诸？曰：吾尝思古人矣。昔诸葛孔明好治官府次舍，桥梁道路，所至营垒井灶、厕圊藩篱，皆应绳墨，即一月之行，不改其初。蔡凝自中书迁晋陵，更令左右修治故廨，谓宾友曰庶来者无劳，此其人岂好劬恶逸，粪上财用，而以博一瞬之欢适哉？春秋诸大夫，每行军按律，好以暇整相尚。郭有道所过旅舍，虽一宿之暂，必洒扫洁尘而后去。度葛蔡两公之心，庶几在此后之。登斯阁者，徘徊江天峰影之间，俯仰古今人物之感，庶不以余为多事也。

陈函辉（1590—1646），原名炜，字木叔，号小寒山子，浙江临海人。明崇祯七年（1634）进士，崇祯九年（1636）任靖江县令。明亡后曾任鲁王政权礼部尚书，后自缢殉国。

重修学宫记

清 郑重

千古斯文之统，鲁铎振于中天。凡声教所暨，莫不兴文治，崇俎豆。则胶序乃教化之地，泮雍为誉髦之林矣。靖名骥沙，自有明成化之七年始立邑，而学宫因之俱建。济济多士，后先礼乐，殆历二百余年于兹矣。以世旷物易，时事沧桑，能无废坠之虞乎？自陈公函辉锐志兴葺，百尔鼎新，经今又三纪有奇。

顾岁深而翠翼，风摧材蠹，而蜗匜荐莽，殿庑两楹之飘摇，上潦下湿，而星栱之倾圮尤甚，此荒原阶草所由歌也。

因是桂藉风冷，蕊榜香寒，揆厥鳣堂之兴堕，允关士风之替隆，先师一席，顾不重钦？前此之司牧于斯者，率虑时绌举赢之维艰，乃姑仍之，因未兴议修缮事。

余甫下车，时谒先圣露处于凄风寒雨，颓然不饬，伊谁之咎？爰廑灵爽，惕然恫庙貌之不光也，只缘徵会孔丞，轩辖时至，又荏苒者三载。然而追溯本源，筹及兴修，讵容复缓乎？乃谘谋之学博袁君，以鼎望司铎，锐意振兴，而毅然任之。并集谋诸绅衿，咸首肯予言，而戮力赞襄。余捐俸百缗，为之发倡，虽区区精卫之填，差无裨补。然藉以袁君廉俸有蠲，洎乡大夫与诸孝秀咸乐输恐后，以襄是事，庶几规模一新焉。惟是栋梁椽桷灰瓦砖石皆取给于江南，以估值载运及匠工需费之繁，较倍于时，不无今昔悬殊之感也。方肇工于丁未之冬，凡数阅月，而堂构鼎焕，巍栋嶙嶒，堪称大观。间有殿宇之地，犹然黄垆一片，当趋跄展礼之，未便，殊属缺典，乃亟图铺砌，凡宫墙内外，户牖榱桷，咸丹垩是饰，而棂门泮桥，次第毕举，业同再造，斯则教育之基以立矣。

嗣此跻堂荐馨，胗响昭爽，睹骏奔而仪肃，聆鼓籥而忱乎，自是百千传秀，气之亘映，人文丕昭于来兹，将见跨云鹊起，挥鞭鹰扬，而乃文乃武，联翩以应，泰运聿彰,文庙之光,不于多士有厚期也哉?

是役也,规画有方。而司出入者,学博袁君元。倡兴修者,乡大夫萧君松龄、朱君凤台、刘君帱、蒋君中和、侯君模,乡孝廉朱君澄、盛君彩、徐君时浚、盛君彰。主监督者,则庠生朱士蛟、朱士珙、刘以睦等。他若丞白君启秀、尉韩君开,皆协力赞襄,以相与有成。而乡耆朱廷佐,亦与有劳绩者。乃凭觚以纪其事。

郑重(1637—1694),字威如、山公,福建建安(今建瓯市),清顺治十五年(1658)进士。康熙二年(1663)任靖江县令。官至刑部侍郎。

慎思堂记

清 朱照

余族自明初少宰安五公,下居马沙,代皆力穑,咕哗节俭谨愿。故得世享温饱,衣冠相继和里中甲族。溯自安五公,以降迄余计十一叶,中间膺国宠者八世。然归田后,莫不恶衣菲食,宫室尤卑小。余见先大父,所居北乡祖宅,正寝高不及丈许。庐门伛偻而入,榱题以杨桦为之。尔时,大父有田百顷,为邑丰厚首称。然不求精舍如此,先府君迁居城东察院巷。为大兄居第,及给余城北西宅。率皆朴素粗就,绝无雕琢之饰。常面训余曰:"吾家世俭,汝谨志足。"余承先志,事不敢奢。饮食起居,皆如其分。

乙酉岁,丁府君忧自蜀归里,居未久,而子渐壮。次第为娶妇,世遗仆从,生育日繁。所居西宅,隘不能容。壬辰春,乃营新宅于西宅之对向。初念凛凛先训,但求朴质。继因土人之工匠艺拙,不克经久,乃延吴中人作之。呜呼!此余一念之差,遂致毕生之憾也。吴人多巧,思习浮靡,所作堂厦门橹,精缛已甚。为里中士大夫家所绝无。工过半,余始觉,力阻之,然势已不能中止。既成,观者动色夸羡。亲朋欲移樽叠集,俳优称庆。余喟然欢曰:"斯堂之成,是余上背先训,中败素守,终身之过也。诸君何贺焉?"夫过而不改,是以为过。余改无及矣!凡我诸子,居此堂者,惕然溯,乃祖之垂训。原乃父之初心,推之一切,俭益加俭,以传戒其子若孙,是能改父之过,真我子也!仍效乃父之构此堂,日就奢靡,堕其家风,以重父之过,非吾子也。我闻佛家有忏悔之说,余悔无益矣,爱立言以忏,垂诫我后人!

朱照,见本志《人物传略》。

日涉园记

清 朱若采

予髫年失怙,二十四岁以三十千文典县署南街冷摊屋两间,住三年;以一百千文典学场东首屋六间,住八年;以三百千文典学场西首屋十八间,住五年;以六百千文典布市里屋半宅,计三十五间,即为现在之屋。

其左半宅亦系朱姓典住,因予新迁,遇事欺侮,大厅三间被其独占。朱姓不戒于火,焚去大门屋九间,予典之屋亦被焚两间,房东遂将全宅杜卖于予,除被禄屋外,计屋五十五间。

数年之后,拆去南首厢屋七间,补大门之屋九间。从前大门与正厅对直,予将大门改列北首,以旧大门基地改作对厅,因买此屋后,颇形拮据,故为此挖肉补疮之计。时大门一排十七间,予漆新门一座,进新门,有旧小前门一座。正厅五间,前后翻轩,左右板房。南板房外有湖石堆,云花台上栽牡丹、芍药数种;北板房外有湖石、金鱼池,四面流通,峰岚环绕,石隙栽有报春、铁梗、金丝海棠、天竹、金丝竹等。伴厅后小前门一座,堂屋五间左右,暗楼再后,正屋五间,左首天井内(正中),予后盖以卷篷一架,以避阴雨。侧屋十一间,第四进正屋毗连六间。后门外向西,城脚右首,厢屋十一间,拆去七间,仍存四间。空园一大方,为栽花果蔬菜之地。当予拆卸侧屋时,内有一小厅三间,过梁、跨梁各二棵,料大而坚,予即留存,拟备日后空园中起造花厅之用,然终无余款,亦徒托诸空言而已,乃忽忽者几三十年。

乙巳之秋,米珠薪桂,令将储草屋中草脚掇出晒干,和薪搭炊,突于碎枝败叶中,露出腐木两段。予恍然曰:此即当年储备起花厅之过梁也!何以仅存两段?再令搜剔,仍有两段在腐草中,则更朽腐不堪矣。予心甚懊恼,忽而雀跃,曰:物犹如故,人已无存,此古今人所同慨也。今予年已七十矣,亲睹此梁之朽腐,而人犹如故,物已无存,谓非予之大幸乎?予是欲遂前志,而添造花厅之意决。继思既造花厅不如船厅之省费,船厅不如船楼之壮观。予遇事欲行即行,不肯濡滞,旋即鸠工厄材,为来春营造记。有大椿树,系予迁居时手植者,碍于厅基锯去,以作过梁。其丹桂、紫薇、棠棣等花,移植他处,唯绿萼梅一株,色翠而花大,不能迁移,去之为可惜耳。

明年三月,正欲开工,突有亲友阻止,谓:今年丙午,太岁在南,此地居本宅正南方,万不可以动土。予雅不信堪舆术,笑答之曰:前年予起大门,开挖石灰池,有止之者谓,此地正当太岁之头,断不可挖。予曰:我挖太岁之头,太岁将头稍偏即可保其头矣,若太岁不能自保其头,又何能降福于人乎?余亦知今年太岁在正南,姑当试之太岁,如不余祸,则凡阴阳之事可以借余作证,劝人不必信矣。

遂造船楼,上下四间,楼上三面翻轩,绕以碧栏,正面露台一方,围以矮栏。内用玻璃屏风从中拦隔,旁通出入。周围门窗悉嵌玻璃。楼门之上曰挹翠楼,以面对学宫,松柏杂树,青翠异常,隆冬不凋,故也。楼下三面回廊,接以曲廊,与大厅右首板房相连,曲廊之东,向植桐竹,桐大碍屋,复锯去之,竹亦少删,仅存二十余竿,以作点缀。多砌石墩,移盆景花木之半,庋搁石磴之上。石磴之外,有红杏一株,乃旧时之物,空处补植红梅。曲廊之西,有旧时碧桃一株,其花有一朵红、一朵白,有半朵红、半朵白,半瓣红、半瓣白之异,新植洋松、杜鹃、茶花、红梅等花,墙壁有旧时月季、蔷薇、宝相等花,抓壁直上。再西有旧时芍药花台一座,楼南空园,有旧时金桂、丹桂、红榴、黄榴、枇杷、桃花、垂杨、香橙等树,其紫薇、棠棣则客冬移植者也。又新栽罗汉松、绣球、山栀等树。楼两间通联,形似船舱。过梁之下,悬以碧色过环,曲栏嵌以五色雕花,壁上悬以"无事此静坐"匾额。左右各树六角门一通,楼梯一藏旧物,隔以蓝帘,上用"呼酒""品茶"两书,卷式匾额,分悬之楼门两旁,挂以木刻楹联。上联曰:于此间得少佳趣;下联曰:亦足以畅叙幽情。中悬"引人入胜"小额。八阅月而落成。

嘉善孝廉许星若权靖江县事,素善书法,一日来访,称善者久之,赐以"娱园"二字,取娱老之意。予曰:"予拟用'日涉园'三字。"许曰:"更佳!明日即书此额赠。"予雇匠制额,悬于曲廊之上,由是而"日涉园"之名大噪。

丁未之秋,砀山王仲英明府由扬来访,予宴明府于是楼。时皓月东升,灯烛辉煌,上下一色。仲英口占一联赠之,谓:君本是靖节先生,两袖清风旋故里;我愧非松雪学士,一轮明月赠斯楼。上联予何敢当然,已饬匠作木刻,悬于楼上矣。因思空地尚旷,仅有斯楼,别无布置,未免辜负此园,因于楼之西山墙,接一花墙,直达南院墙下。甃一石池,以栽莲花,池上筑一半亭,足跨池中,背傍院墙,人走此亭,足下铿然得空洞声。池旁均作回廊,由低而高,上达半亭花墙之内,亦筑走廊,廊上铺白铁板作为露台。台西即花墙之顶,高出三尺余,东则搁以红绿相间之矮栏,荷池两旁绕以半墙,池面砌长石磴,为搁盆花之地。石磴之前,东筑石洞,以通池东之廊;西堆石冈,顶通花墙上之露台,北达船楼上之南翻轩。客至,由大厅右首板房门出,即日涉园之曲廊,折而西走,即达船厅门之中廊,又折而南,再折而西,仍是船厅之南廊。廊达山墙南,即花墙露台下之新廊。此廊直接荷池西廊,由低而高,折而东,向即为半亭,亦即以"半亭"二字名亭。故作"半亭"小额,悬于亭楣之中。以"凡事只须得半,于人何必求全"二语,亦作木刻,悬于亭前之两柱外。亭内除悬旧木联外,横以赵宧光"此中能宴坐,何必在云林"之篆额。由半亭而东,至荷池之东廊,转而北向,由高而低,东通旧留厢屋四间之廊,北出池廊,进石洞,折而西,出石洞,而石冈高居洞外,陟级而升至冈巅,过小板桥,即花厅内之露台。沿台北行六丈余,进楼上之碧栏廊,不由楼梯而已达楼上矣。

在楼小憩,循梯而下,即船厅矣。花墙外则为花园,围以竹篱,有玉兰、芙蓉、牡丹、蔷薇等花,此外则草木花为多。内有花房两架,为寒冬收藏盆花,避霜雪之用。旧存之厢屋,拟再修饰,以作游息之所。再修一间,以藏旧时制艺、诗赋、文词无用之物。大厅左首,厢屋天井,向有便门一座,出则达大门北廊之小门,亦拟于小门内添构小廊,直接便门,门内构一"丁"字廊,南通大厅,北达左厢,则由大门至厢、至厅、至上房、至后堂屋、至厨、至后门、至楼、至亭,俱可由廊行走,阴雨不行湿地,然有志未逮,愿以异日,因作此记,俾后世子孙知作室之艰创业之苦云。

朱若采,见本志《人物传略》。

孔庙与实验小学

现代　谢基斌

孔庙位于西内山海镇,其占地之广阔、建筑之精良,均列全县之冠,远过县衙。南面是大影壁(照墙),下临长方泮池,围以青石低栏,水源于栏下数十石雕龙首之口,常年不涸。

北上,是由固若金城的红墙所围之广场,名学场。是马戏、杂耍演出场所,也是提灯会的集合地,附近民众的纳凉处。县前街横贯于北边门,右额礼门,左额义路。场北大门即孔庙正门,是靖江县立实验小学校门。门内大院中央有一荷池,上架石桥,配以木栏。院内广植树木花卉,蓊郁葱茏,四季常青,怡情悦性。过桥达朱红大门,两侧耳房,乃昔时祭典之更衣间。至此,大成殿在望焉。

大成殿四翼凌空,檐牙高啄,红墙青瓦,仰之弥高。殿前广场极为宽敞,场北殿南的高大平台,条石铺面,三面不栏,最为壮观。拾级而登,即达五巨大殿,画栋雕梁,朱楹石础,水磨方砖地面。"万世师表"巨匾,赫然醒目。龛供朱底贴金扁体老宋"大成至圣先师孔子之神位"的木牌,前设高大供桌。中间三间朱漆扇格,上部是金色精巧拼棍,除春秋二祀及圣诞,常年关闭。

殿前东西庑廊各十间,中间陈设着七十二贤人的木牌位,余为低年级教室。

大成殿后墙中央,有一顶天立地的"魁"字,两边书文天祥的《正气歌》,是笔力遒劲、一丝不苟的颜体特大楷,下署"骥江朱立敬书"。朱立,字庆恒,邑名书家也。殿后两庑各十间,是中年级教室,后廊沿的凸出部分是露天讲台,中间大操场是升旗晨操之所。殿前后广场两侧均植黛参古柏多株,径可两围,虬柯蟠根,霜皮漏雨,各抱形势,蔚然壮观。

明伦堂在大成殿后,共五间,是学校

大礼堂,乃轩昂深邃之厅堂,周会、演出均在此举行。后部有一排屏门,前面是讲台,中间上部是孙中山先生像及其遗嘱。两旁明间上部有深蓝色的"礼义廉耻,孝悌忠信"八个大字,后易为"忠孝仁爱,信义和平",时过境迁,势所使然也。两侧套间是校长室、教导处以及教师办公室。屏后两侧后壁列石碑数座,记载孔庙兴建和重修沿革,由于不受日晒雨淋,故而无明显湮漫风化之迹,均清晰可读。

出明伦堂,隔操场与明伦堂等长的是两层建筑尊经阁,楼上下都是六年级教室。阁之直东有一小于大成殿的五间大殿,是奉祀孟母、孟子的所在,习称孟母庙。阁之西南有三进廿数间平房,是五年级教室及教师办公室。

笔者于1944年在实验小学高年级部求学。实验小学是当时全县师生人数最多、规模最大、设备完善、教学质量优秀的完全小学。此前,沿名孔庙、模范、第一中心小学等。曾历瞿相成、严唱农二校长,二位先生均尽心尽力,勤于职守,德高望重,平易近人,仁人君子也。

兹将校歌一阕录后:

靖江县立孔庙小学校歌

靖城中,西旁舍高处,孔庙小学,绿郁芜青青,风景美丽沐余情,曲桥回廊,一朗池水清。小朋友,求学贵辛勤,切莫辜负好光阴,德体智三育要并重,速努

力前进!

前述春秋祭孔,笔者曾目睹盛典。此日,各门洞开,地方上的逊清耆秀、缙绅名流,长袍马褂,礼冠布履,庄严肃穆,伴以笙箫皆笛,弦板国乐,在礼炮隆隆、钟鼓齐鸣声中,由具有功名的长者,率两列纵队,雁行有序地自大门缓步抬级登殿。供桌上列钟鼎彝爵、笾豆鲜果,祭以太牢。太牢者,牛、羊、猪三牲也。

此时,万籁俱绝,鸦雀无声,不严自威,肃然起敬。主祭者三献爵,朗读祭文,抑扬顿挫,铿锵悦耳。礼毕,参与祭典者,均可得胙肉一份,受胙者,莫不视以为荣。

孔庙即学宫,是文人荟萃处,尊经阁是藏书楼,而明伦堂则是文人议事所。靖江孔庙,规模宏大,雄伟壮丽,若以闻名江左、号称"江南第一孔庙"的嘉定孔庙量之,亦并不逊色。

日升月恒,沧海桑田,铜驼荆棘,衣冠古丘。上述胜迹,历经修葺,旧貌新颜,犹且可辨。尔今观音寺已易为民居,无迹可寻,孔庙亦复如此。

为无使名胜古迹、轶闻遗事湮没,笔者不揣寡闻,忆撰半个世纪前之文事,囿于水平,挂一漏万乃至讹误之处,在所难免。尚请前辈长者、读者诸君,不吝赐教匡正,诚所至祈也。

谢基斌,靖江西来人。

小巷秘意

当代　朱根勋

几座大楼竖起,府后弄消失了,我的小院没有了。现在住上了楼房,虽然还在老地方,且条件有所改善,但原先那小巷小院的情景,依然"密意眼中来"。

府后弄,顾名思义,政府后面的巷弄。弄长百米,宽二米,南边是政府的后围墙,一眼望去,高而且长,很有些威严与气势。在老城墙拆去之后,它算是城里墙的老大。砌这墙的砖,大多是拆城墙时拉来的,砖上有"明成化""江西""长洲"等字样,很有些历史的厚重感。巷子的道路,原为泥地,后来铺了水泥预制块,有些现代气息。巷子的北面,多是半公半私的小屋,高矮不等,参差不齐,家家门前都搭了个简易仓门,呈现出城乡结合的风情。东巷口有银杏两株,立地参天,成为小巷的明显标志。

我住在小巷中间,离马路有 50 米,大的机动车不能进出,行人不多,闹中有静。开始住三间平房,而后逐步改善,卧室、书房、厨房、卫生间,虽然简陋,却一应俱全。房前有院,约 30 平方米。院内有井台,有花木,有天有地,自成一统。

我在城里待了 23 年,搬过 7 次家,第八次才迁居到这里。时值"文革"中期,心境可想而知。我每天到单位上班,但无事可做,回到家里,仍然闲着。闲着便做些闲事:种些花木,写些诗词,寻点趣味,免得闲死。

先是在小院的西北角,种上一丛芭蕉。芭蕉是热带植物,但以清凉闻名。一年夏天,父亲在乡下生了"流火",脚又红又肿,热火热辣,烦躁不安,着人来城要我寻找芭蕉根作秘方。我冒着酷暑,骑自行车在靖东一农民家找到此物,送回老家,父亲只敷了两次便消了肿。他把未用完的芭蕉根埋在宅基上,春天数枝并立,繁茂成一道风景。我回去看到,爱慕至极,便挖了一块栽到我的小院里,很快它长得又高又大,摇曳在我的书桌窗前。它,春天抽叶似"斜卷一封书",韵流情溢。夏日叶张,如五尺生绡飘逸,多姿多态;风来雨注,有声有色;斜阳映照,静如一幅画,动若一行诗。它为我的闲居生活增加了几分乐趣。但是,秋天以后,它却经不住霜寒的袭击,叶枯枝萎,我对它的感情有些复杂起来。一日,因人事感慨,把它狠狠地贬了一通:

勾风听雨绿衫翁,附势趋炎欲前浓。
清泪惯随恩露滴,良缘怕遇冷霜空。

抒张叶面三生愿,败落墙边一萎丛。
同样时光同样过,梅花着意不相逢。

小院的东南角,栽的是月季。这是一株标准的"花中皇后",属四季健花种,蔓生型。它是一位有文化修养又善于养花的长者经数年培育出来的名种。不知为什么事,我帮忙说了几句话,他很感激,特地将这株月季作为礼物送到我的门上。据他介绍,此品种极少见到。栽下时,只有笔杆粗,但长得快,第二年就放了花。花是复色的,通体姚黄,花瓣的尖头上略有浅红,苞满时如一颗蟠桃,花开足了有碗口大,牡丹都不如它,用"香断续,艳周遭,芳情真久要"来形容,绝不夸张。

这月季长了几年,竟高过墙头,枝架百条,把天井半面的云影都遮了起来。遇到密雨长风,时常斜倒下来,我用电线作绳把它系在墙头和水泥杆上,让它藤架八方,倩影空前。

生活在这小院里,最快活的事是夏夜纳凉。我将那闲适的韵味,写在了一首《柳梢青·夏夜放歌》的词里:

难得今宵,疏星三五,月白风娇。庭院清歌,花枝热闹,蕉影轻摇。 微躯一沐除劳,且放荡,半身赤条。龙井初开,云烟半截,梦入兰膏。

乡间邻里亲朋来城,常在我这小院里坐坐谈谈,喝杯水,吃顿饭。无意中,张家喜,李家忧,棉减产,稻丰收,新鲜事,坏风气……各种农村信息以及诸多农民想法,我多有所知。

小巷更与城里的大道相连,有时也有一些或顺路或专程的消息灵通人士来到我的小院,无拘无束,谈些国内时势,世界风云,人间冷暖的大事,让我大开眼界。风趣莫过于文人雅士的光临,谈经说道,议怪言奇,诙庄戏谑,海阔天空。特别是作家海笑、忆明珠、杨旭、黄毓璜等诸君来访,竟不许我供饭,仅清茶一杯,蛋糕数片,神侃通宵,使我这小院,檐高三尺,蓬荜生辉。

府后弄,是我人生的一个重要驿站。我在这里居住了26年,经历了"文革"和改革开放、在职和离休以及家人聚散的不同时期,有着万千感慨,也有着难舍的感情。在这里,我消除了许多忧愁,放胆做了我该做的不少事情;含悲怀痛,送走了年迈的父亲;尽心尽力,让子女走出小巷,有了谋生的职业;起早摸黑写了近千首诗词,抒发了种种感情;数千件信来函去,结识了众多海内外友人……

如今,我那些生意盎然的名花嘉木,已被斫伐殆尽,我那些忧喜的情感,离我越来越远……唯有"府后弄26号"的门牌还同我的"烟雨斋"挂在一起,让我常常对着它沉思不已。

朱根勋,见本志《人物简介》。

后 记

经过 3 年的努力,《布市里社区志》终于与大家见面了。这是靖江市第一部社区志。

布市里是靖江老城区的核心区域,自建县以来,一直是靖江的政治、教育、文化、商业中心。2000 年后,随着城市的扩大与南移,相关机构外迁,布市里转变为靖江街道一个宜居的商住区。

布市里历史悠久,靖江建县 550 年,这里留下了大量历史文化遗存,这是它不可多得的宝贵财富,也是它的特色所在。长期以来,关于布市里域内的历史文化并没有得到很好的挖掘与保护,也没有形成系统的档案资料。2019 年秋,《布市里社区志》编纂小组成立后,主要通过两个方面搜集素材、资料。一方面,查阅社区已经形成的工作档案,以及市图书馆、档案馆的书籍、档案,沙里淘金,从中筛选与摘录资料。另一方面,组织社区的老同志、知情者座谈,并积极通过电话、微信等方式与资深学者、专家沟通,请他们提供相关资料。本志征引资料的主要来源有光绪《靖江县志》、《靖江县志》(1992 年)、《靖江市志(1988—2007)》、《靖江文史资料》、《靖江年鉴》、《靖江日报》等。

在积累大量原始资料后,编纂组按照体例撰写完成了《布市里社区志》的初稿。经过多次修改、补充、润色后,2020 年 9 月 8 日,布市里社区居委会组织对社区志初稿开展初审,社区的老同志提出了 50 余条意见与建议。编纂组针对意见与建议对文稿进行修订与调整,形成了复审稿。2021 年 1 月 13 日,市党史方志办公室组织对《布市里社区志》进行了复审,与会的领导、专家认真审阅后认为,《布市里社区志》特色鲜明、资料翔实、行文流畅,编纂质量较高,志稿基本成熟,同时又提出 80 余条意见,包括内容重复、行文规范等方面的问题。根据这些意见,编纂组对志稿作了进一步的修改与完善。同时,通过各种途径收集社区的老照片,并请摄影师拍摄了部分图片,总共近百幅图片,穿插进志稿,使之图文并茂。

2022 年 8 月,泰州市党史方志办公室组织对《布市里社区志》进行了验收,验收小组成员在肯定志稿的优点与特色的同时,针对每一章节都提出了具体而专业的修改意见。编纂组据此进行了修改与完善,从而形成正式志稿,交付出版社排印出版。

本志编纂,刘文剑、江建萍、马正先三同志承担了初始的资料采集工作;高峰同志承担了文化部分的资料搜集编纂工作,并形成初稿;杨文革同志承担了后期的编纂、校排工作;杨文革、朱其、蒋宇等同志提供了摄影和美术作品。本志的编纂得到泰州市党史方志办公室、靖江市党史方志办公室、靖城街道、布市里居委会全体人员的大力支持,徐存华先生为本志的成稿也提供了有益的建议与意见。

由于编纂人员水平有限,志书中难免有失误和不足之处,敬请各级领导、专家、社会各界人士、广大读者谅解,期望予以指正。

编者

2022 年 10 月